与最聪明的人共同进化

CHEERS

HERE COMES EVERYBODY

CHEERS
湛庐

做自己的首席营销官

マーケターのように生きろ

[日] 井上大辅 著　　姚奕崴 译

浙江教育出版社·杭州

测一测 如何运用营销智慧成为抢手人才？

扫码加入书架
领取阅读激励

- 不善于表现自己的人如何展现个性？（单选题）
  A. 通过充分了解他人，满足他人需求
  B. 通过大胆尝试和冒险
  C. 通过模仿个性鲜明、富有魅力的人
  D. 通过增强自己的社交能力

扫码获取全部
测试题及答案，
一起成长为自己的
首席营销官

- "像营销人一样生活"的核心是什么？（单选题）
  A. 创造、传播、传递和交换价值
  B. 时刻站在他人的角度思考
  C. 追求个人的艺术表现
  D. 专注于个人成就和业绩

- 如何通过表达改变他人的想法和行为？（单选题）
  A. 提前思考表达内容
  B. 斟酌表达方式
  C. 打磨表达技巧
  D. 以上全部

扫描左侧二维码查看本书更多测试题

推荐序

懂得营销是现代社会的基本能力

空 手
不空谈品牌咨询创始人、场景营销研究院院长

歌手陈奕迅有一首老歌叫作《像一句广告》,歌词中有几句是这样的:

你要是不懂得推销,
我看回家去睡大头觉。
……
你必须活得像一句广告,
像一句口号,简单就明了。

我非常喜欢这首歌，因为它简洁扼要地概括了广告营销业的本质。对于我们的工作和生活来说，面对我们的目标对象，不管是心仪的公司，还是心仪的异性，我们都需要回答以下3个问题：

1. 他们有何需求？
2. 如何让他们认知并感受到我们的价值？
3. 如何与潜在的对手们进行竞争，找到我们的差异化优势，并最终脱颖而出？

在今天的商业世界，不管是市值万亿的跨国公司，还是街角的小吃店，当他们谈论营销时，要思考的问题归根结底也无非上述3个。当然，大公司有着充足的营销费用，有着众多的营销手段，如广告、公关、促销、终端建设、用户运营、产品组合、定价策略等，在从事营销工作时会进行复杂的操作，其实，这与我们营销自己在本质上并无区别。

社会公众在提到"营销"一词时，往往持有负面评价，认为营销就是炒作，就是忽悠，就是花钱砸广告自我吹捧，购买营销的产品都是缴纳"智商税"。正如本书所说，这种认知是社会对于营销的3大误区之一。实际上，炒作、广告只能勉强算是营销的末端，是营销4P组合中最后一"P"（Promotion推广）的组成部分。营销是从洞察目标消费者开始的，我们必须先知道我们的目标消费者是谁，他们有什么未被满足的需求。目标消费者需求决定了我们要开发什么样的产品、提供什么价值、如何设计相应的定价策略。对这些情况有所洞察后，我们再选择渠道和推广手段，将我们的产品推广、销售出去。

从这个意义上来说，一件商品、一个人、一间小店、一个单位、一家企业，甚至一个政府和国家，其实都需要营销，营销是现代社会的基本能力。人生最重要的事就是实现自我价值，但人是社会性动物，我们的价值往往体现在对他人需求的满足上，依赖他人的认知和评价。因此，我们必须找到能发挥自己才能和优势的市场，洞察他人潜在的需求，创造并传递自己的差异化价值。

什么是营销？对于这个问题，业界有多种理论，如需求管理理论、价值设计理论、流通理论、顾客关系管理、竞争战略，等等。本书所使用的主要是价值设计理论，这一理论是最主流的营销理论之一，该理论认为营销就是创造价值、传递价值、交换价值的全过程。

要创造价值，首先要研究自己的目标消费者和他们的需求，他们决定了我们要设计并提供何种价值。其次，要把我们自身的独特价值传递出来，让我们的目标对象知道并认同。最后，我们把自己的价值交换给他人，我们不仅会得到报酬，还会获得自我实现。如果理解了营销的本质，并且依循这样的步骤去思考问题并实践，你就能找到自己的价值，活出积极而有意义的人生。

每个人都是一件独一无二的作品，作为我们自己这件作品的唯一品牌拥有方，我们有必要也有责任做好自己的首席营销官，经营好自己，打磨出自己的独特价值，营销就是每个人一生的必修课。

前言

从无名小卒到抢手人才

今天是一个提倡展示个性的时代。居家办公的工作方式迅速普及，人们寻找兼职也愈发便捷。互联网使零工经济步入千家万户。或许对一些人而言，这种多元办公方式的出现是一件好事，但是对另一些人而言，这非常残酷。当公司渐渐习惯于将事务性、运营性的工作外包给那些出类拔萃的自由职业者时，大批正式员工在公司中的地位将变得岌岌可危。

在这个时代，一个人如果没有亮眼的个性，便无法生存。

当你听到个性这个词时，你的脑海中会浮现出哪一类人呢？大概是那些业绩斐然、伶牙俐齿，而且活跃在聚光灯下的商业精英吧。

这类人个性鲜明，无时无刻不散发着魅力。他们没有被固有习惯束缚，充满豪情壮志，坚定地沿着自己的道路前进，仿佛工作只是他们展现个人风采的一种方式。他们称得上是具有艺术家风范的商业人士。

与他们相比，那些不具备自我表现能力的人该如何是好呢？那些生来就性格内敛的人又将何去何从呢？那些想要展现自己却自知才疏学浅的人，或曾经大胆尝试，却徒劳无功、备受打击的人，他们又该怎么办呢？难道这些人注定无法具备亮眼的个性了吗？当然不是。他们可以选择"充分了解他人，满足他人需求"的生活方式，将满足他人的需求作为人生追求。要做到这一点，首先要充分了解他人，自己的所思所想都要围绕他人的需求。其次，要竭尽所能去满足他人的需求。

本书将这种生活方式称为"像营销人一样生活"。事实上，所谓的营销就是时时刻刻站在他人的角度思考。

通过满足他人的需求展现个性

成为被人需要的人

> 成功的秘诀就是了解他人的观点，并从他的角度看事情。
>
> ——亨利·福特

当你像营销人一样生活时，就能在职场中成为一个被人需要的人。

任何一项工作都有它的服务对象。销售、产品研发、广告宣传的服务对象是客户；人事、法务、IT、采购等后勤部门的服务对象是其他部门的同事。如果你能够熟悉这些对象，了解并满足他们的需求，而且持之以恒地做到这一点，那么无论身在何处、从事何种工作，你都会成为周围人眼中不可或缺的一分子。

身处职场，我们势必要用毕生精力来打磨"自己"这件商品，选中为之奋斗的市场，然后不断积累经验技巧，提升自己的稀缺性。 这既是一名商人创造商品的必要过程，也是一名职员规划职业生涯的必经之路。工作报酬会反映一个人的价值，当你被人需要时，自然少不了金钱上的回报。

除了在职场中，你还可以成为人际交往中被人需要的人。如果你能够永远从他人的立场出发，了解身边人的需要，那你就会成为社交的中心。当然，有许多人能做到这一点，是因为他们具备亮眼的个性。如果你不具备这样的个性，也不必担心，因为本书会帮助你重塑性格。

你甚至可以在社交网站上通过自我表达来展现自己满足他人需求的能力。你的影响力也会随之而来，因为影响力实质上展现的就是你能够在多大程度上被他人需要。

成为被人需要的人，就意味着你具备了鲜明的个性。像艺术家那样自我表现确实可以被人需要，而像营销人一样了解并满足他人的需求，同样可以成为被人需要的人。

> マーケターの
> ように生きろ
> 营销人的
> 处世之道
>
> 像营销人一样生活,可以让你在职场和生活中成为被人需要的人。

被人需要才是幸福的本质

你要重视的不只是自己的利益,还有伙伴的利益。

"施"比"受"更容易让人获得幸福。

——阿尔弗雷德·阿德勒(Alfred Adler)

像营销人一样生活并被人需要,你不仅能够在这个竞争激烈的时代稳稳捧住自己的饭碗,而且能够让自己的人生更加精彩。

如果一个热爱绘画的人强行把绘画和工作结合起来,他会因此而幸福吗?

恐怕上司不会理解他的付出,同事们也会感到疑惑:"为什么他总是在画对工作没用的画?"如果我是这个热爱绘画的人,非但不会感到幸福,反而会抑郁。

如果你所做的事对旁人而言毫无意义,那么哪怕你无比热爱它,也绝不可能从中获得幸福。因此,被人需要才是幸福的本质。

如果我们不依靠自己在公司里的地位和头衔，仅通过满足他人需求就能获得幸福，那么我们就会成为大家眼中那个有个性的人。在这个过程中，"我想做什么"并没有那么重要，甚至有可能成为自己成长的阻碍。

总而言之，像营销人一样生活的出发点并非自己，而是他人。

> マーケターのように生きろ
> **营销人的处世之道**
>
> 像营销人一样生活可以让那些不具备雄才大略的人拥有亮眼的个性。

用自己的方式满足他人的需求

> 在我面试 CEO 期间，一位董事会成员问我是否想要成为 CEO。我的回答是："只有在你们想要我担任 CEO 时，我才会想。"
>
> ——萨提亚·纳德拉（Satya Nadella）

像营销人一样生活，满足他人的需求，是不是就意味着要牺牲自我呢？

当然不是。发现那些真正需要你的人，然后以自己的方式回应他们的期待，这不正是一种自我实现吗？使命（Calling）

一词的本意是指神明的召唤。并非每个人都信仰神明，但是正因为大多数人都把他人对自己的需求看作神明般的召唤，这个表达才得以普及并延续至今。因此，一个人的使命并不取决于自己，而是源于外界对他的期望和召唤。

如果一个人有梦想，那么他自然要去追求。可是，即便他从来就没有过梦想，或曾经尝试追求却最终失败，他也不应该因此郁郁寡欢。像营销人一样生活能够让这些人找到自己的梦想和使命。

这本书并不是培训营销人的教科书，它的主要目的是向读者介绍营销的基本理念，让读者找到像营销人一样生活的思维切入点。

我想把这本书推荐给大家，尤其是给那些完全不了解自己的梦想和使命的人，以及那些因遭遇挫折而丧失斗志的人，因为我就曾是其中一员。后来我试着像营销人一样生活，并且从这种思维中获益无穷。接下来，我想简单讲一讲我的故事。

> マーケターのように生きろ
> 营销人的处世之道
>
> 用自己的方式满足他人的需求，就是自我实现的一种方式。

学会自我克制，让人生大放异彩

我曾先后在新西兰航空、联合利华、奥迪、雅虎等公司从事过市场营销工作，目前就职于软件银行集团（简称"软银"）的广告部门，担任业务负责人。

从业期间，我有幸多次受邀在公司外部活动中做演讲或担任培训讲师。2019 年，我发表演讲 30 余次。同年，我在老牌经济杂志《东洋经济周刊》上连载文章，并出版了两部作品。此外，我还是 NewsPicks 学院的教授以及行业活动的理事会成员。我曾接受过杂志等媒体的采访，做客早间新闻节目。节目播出以后，我被 4 家公司聘请为顾问。这是我 2019 年的高光时刻。

看到这里，或许你会认为我是一个表现欲很强的人。甚至会有人说："你很注重个人营销。"恰恰相反，我能得到这些机会，是因为我逐渐学会自我克制，抑制以自我为中心的欲望，能够从他人的角度出发看待问题。在这之前，我曾经历过一段与自我艰难斗争的"黑暗时期"。

从以自我为中心，转向以他人为中心

对别人不感兴趣的人，他一生中遇到的困难最多，对别人的伤害也最大。人类的所有失败，都出于这

种人。

——阿德勒

在市场营销行业，有不少人曾经梦想成为音乐人，包括我自己。我出生在神奈川县的海边，在小学和初中时一直热衷于参加帆船竞赛，但到了高中，我开始学习吉他，之后便沉浸在音乐世界中无法自拔。上大学以后，我一门心思玩乐队，把所有事情都抛到脑后。

我隔三岔五就去光顾涩谷的唱片店，只要淘到曲风前卫的乐队唱片，便乐不可支。如今回想起来，那时的我留着一头古怪的发型，像是因输了游戏而接受惩罚，对时兴的大众发型嗤之以鼻，常常穿着奇装异服在街上昂首阔步。我们乐队演奏的都是一些含义不明的前卫音乐。当时也有乐队表演具有日本本土风格的流行乐曲，但是我坚定地认为，演奏那种音乐还不如不演。

对那时的我来说，音乐是一种自我表现的手段。因此，我从不考虑听众的感受，假如有人听不惯，那就是他们无福消受。如果当时的密友或女朋友听了我的现场演奏或唱片，那么后果恐怕不堪设想。

一方面，由于眼高手低，我们的乐队始终没有出头之日；另一方面，由于熟悉的人都已经获得了唱片公司的青睐，我充满了挫败感。我缺乏勇气正视自己没有才华的事实，于是，与乐队的伙伴们渐渐疏远。最终，我的音乐梦就这样不了了之。

转眼间，20 年过去了。2018 年，我召集同样玩过乐队的营销圈的朋友，举办了一场音乐会。我自己也组建了一支乐队，担任吉他手和主唱。我们演奏了一首长渕刚①先生的歌曲，把它改编成了朋克风。其实，我算不上长渕刚的歌迷，只是很喜欢朋克摇滚。

挑选曲目时，我首先想象了一下来听音乐会的亲朋好友有哪些，然后思考哪些曲目是他们会喜欢的。最后，我决定演奏一首同龄人都会唱的歌曲，这样才能让大家沉浸其中，随着轻快的节奏扭动身体。这便有了用朋克风格演绎的"长渕刚"。

这场音乐会大获成功。时至今日，还会有参加者夸奖我说："那次演唱的歌真是太棒了！"我非常享受那场演出，如今仍会时不时地与参加音乐会的朋友把酒言欢。

其实，我对音乐的态度并未改变，只是处理事情的态度变了：从以自我为中心变成了以他人为中心。这种变化正是源自营销人的视角。

> **营销人的处世之道**
>
> 对一些人而言，克制自我，反而能够成就辉煌。

---

① 日本老牌摇滚歌手，姜育恒的《跟往事干杯》就翻唱自他的代表作《干杯》。——编者注

从他人的立场出发，寻找世界的缺口

> 当我们明确自己的角色，哪怕它是最不起眼的角色，我们也会感到幸福。
>
> ——安托万·德·圣-埃克苏佩里
> （Antoine de Saint-Exupéry）

我并非一从事市场营销工作就马上学会了用营销人视角看问题。一开始，我总想找一份光鲜亮丽的工作，于是选择进入广告行业。在工作之后，我始终没有摆脱想要自我表现的心态，结果处处碰壁，日复一日地在黑暗中摸索。然而，一件微不足道的小事给我带来了改变。

当时，我在一家外资企业担任广告策划负责人。某一天，总公司的领导来日本，由我负责接待工作。上司在向我布置工作任务时说："你来负责 Entertainment 工作。"我原以为，Entertainment 只有娱乐的含义。直到那一刻，我终于理解这个词的另一重含义，有种茅塞顿开的感觉。原来，在职场中，Entertainment 指的就是接待呀。

接待工作的出发点是被接待的对象。而接待工作的本质就是竭尽全力地深入了解他人，为他人着想。

一则精致、有趣的广告的目的是激发消费者的兴趣，赢得消费者的好感，最终把商品卖出去，因此它必须先取悦其服务对象。这与招待客户打高尔夫球有异曲同工之妙。

我曾经一直拼命想要证明自己在工作中是一个别具匠心的人。然而从自己的角度出发做策划完全是舍本逐末。如果我带着爱打高尔夫球的领导去涩谷的夜总会，那么他肯定会暴跳如雷。而我那些失败的策划案和这种行为如出一辙，都没有考虑服务对象的感受。

我曾经读过很多关于营销的书，回想起来，它们绝大多数都强调要从消费者的角度出发。说来惭愧，我在读的过程中自我感觉良好，但从未将这种观念学以致用。当我意识到这个问题之后，策划案的通过率迅速提高。只要尽力站在他人的角度看问题，满足他人的需求，那么"接待"工作自然顺风顺水。

在工作小有成就之后，我在业内的知名度随之提高，因而受到了猎头公司的关注。各种工作邀约纷至沓来，但是我跳槽的标准已经不再是能否自我表现，而是能否满足更多人的需求。

我学会从他人的角度出发思考以后，晋升的速度明显提升，自己的职业生涯也出现了转机。因此，表现自己不如满足他人需求。这种观念也影响到了我的个人生活，甚至可以说它改变了我的一生。

当众发表演讲前，我会深入了解听众，体察他们的需求。于是，演讲、培训、参加电视节目的邀约便源源不断地递过来。在写文章时也是一样，我会从读者的观点着手构思，时刻关注读者的诉求。就这样，我无意间写的博客也备受关注，慢慢地，有报刊向我约稿，最后我的作品得以出版。而我在社交网站上的粉丝数也从几百人增长到了数万人。

总而言之，我变得比以前更加被人需要。尽管我的人生还远远谈不上成功，但相比于学生时代和初入社会时，现在的每一天都让我感到无比充实。我意识到自己并不具备特殊才能。如果我才华横溢，使出浑身解数表现自己，那么我的大学时期就绝对不会那样黯淡无光。

我能够变得被人需要，都要归功于营销这一人生智慧，这是我亲自体验得来的。通过学习营销这门学问，我在工作中不断获得成功，又将它作为一种思维方式用于优化职业规划。除此之外，营销还满足了我的自我表达愿望，让我的生活充满乐趣。

我所经历的这一切让我意识到，这世界上必定有一块只有我才能填补的缺口。如果将这个世界比作一张巨大的拼图，那么一定存在很多残缺的部分。人们在审视自我时，一定会发现自己有很多苦恼，有很多事情需要寻求他人的帮助。**填补世界和心灵缺口的方法，就是让自己被他人需要。**

正如《生活多美好》（It's a Wonderful Life）中的角色克拉伦斯[①]所说："每个人一生中都会影响到很多人，一旦他不存

[①] 电影《生活多美好》中的角色之一，是上帝派来解救主人公乔治的一个天使，他带乔治领略了一个"没有乔治的世界"。——编者注

在，就会造成很多空白。"有些人的才华和能力也许可以填补世界正中央的那块大的空缺，有些人能够填补的也许只是一块小小的缺角，但他们都是这个世界不可或缺、意义非凡的一部分。这张世界拼图中必定有一块缺口只有你能填补。那么，让我们通过这本书去寻找它吧。

| マーケターのように生きろ
营销人的处世之道 | 像营销人一样生活意味着不断去寻找只有自己才能填补的世界的缺口。 |

目 录

推荐序　懂得营销是现代社会的基本能力

　　　　　　　　　　　　　　　　　空　手
　　　　　　　　　不空谈品牌咨询创始人、场景营销研究院院长

前　言　从无名小卒到抢手人才

第一部分
满足他人需求，才能提升自我价值　001

第 1 章　营销是一种思想　003
　　营销就是传递价值　005
　　践行营销的 4 大阶段　007
　　打破界限，将营销融入生活　009

第 2 章　营销是人类智慧的结晶　　019

　　走出3个误区，了解营销的本质　　022

　　活用3个典型的实践性技巧　　032

第二部分
4个步骤，让你的工作和人生柳暗花明　047

第 3 章　步骤一，定义市场，
　　　　找到一个"让你更加闪耀的地方"　　049

　　确定提供价值的对象，把握关键点　　051

　　6大要点，准确定义市场　　055

　　在日常工作和生活中定义市场　　066

第 4 章　步骤二，定义价值，
　　　　了解"对方真正想要什么"　　073

　　价值定义是营销的核心　　075

　　定义价值的思维与技巧　　079

　　在日常工作和生活中定义价值　　090

第 5 章 步骤三，创造价值，清楚"自己应该做什么" 105

在创造价值的全过程保持沟通 107

在创造价值时的思考和技巧 110

在日常工作和生活中创造价值 121

第 6 章 步骤四，传播价值，让"需要你的人"看到你 135

勇于自我宣传，让价值被看到 137

跨越3个阶段，引领消费者从认知到购买 141

在日常工作和生活中传播价值 160

后 记 拥抱独一无二的人生，做自己的首席营销官 175

マーケターのように生きろ

第一部分

满足他人需求，才能提升自我价值

マーケターの
ように生きろ

第 1 章

营销是一种思想

营销的智慧

不在于展示自己的才华,

而在于满足他人的需求。

重申一下，这本书不是营销专业领域的教科书。我希望那些认为营销事不关己的人能够阅读这本书，把营销当作一种可以为工作、事业和人生增光添彩的生活智慧。事实上，几乎每个人都与营销密不可分。因此，这本书所介绍的营销技巧大多与大家的日常工作息息相关。

营销就是传递价值

"营销"这一概念诞生于美国，首先让我们来了解一下这个词原本的定义。**营销是为消费者、合作伙伴以及整个社会创造、传播、传递和交换价值的活动、组织和过程。**

这个定义看似非常晦涩难懂，但其实你只需要掌握以下3个要点，就会豁然开朗。

要点1：营销是一种活动、组织和过程。

营销常常会让人联想到市场部或广告部的工作。但是，进行营销的未必是专业组织，甚至都不需要组织参与。营销也可以是一项活动或者一个过程。这意味着，不论你在公司的哪个部门，从事哪种工作，都可能在进行营销这一活动或过程。

要点2：营销是为了消费者、合作伙伴以及整个社会。

我们常常认为营销是一项面向消费者的商业活动。但是，营销的对象不仅限于消费者。企业招聘、大学招生、政客拉票，以及慈善团体募集善款的过程，都涵盖着营销活动或过程。实际上，就连大学所使用的营销教科书里都设置了有关慈善团体和政治组织营销的章节。

要点3：营销可以创造、传播、传递和交换价值。

营销具体是做什么的呢？这是最为关键的一点。一言以蔽之，就是创造、传播、传递和交换价值。

以慈善活动为例，一个动物保护组织为了保护当地的流浪猫而进行募捐，这个组织创造出"共创让流浪猫幸福生活的社会"这样一个价值。为实现这一价值，他们制订相应的计划，并利用海报等形式广泛开展宣传活动，进而传播价值。动物保护组织利用募集而来的资金，实际开展保护流浪猫的活动，并且将活动情况反馈给捐款人，这便是价值传递。相应的，爱猫人士的资金也是一种价值，爱猫人士使用这种价值与"共创让流浪猫幸福生活的社会"的价值进行价值交换。

动物保护组织并不是一个专业的营销组织，它所开展的一系列活动也不是面向消费者的商业活动，但是它创造、传播、传递和交换价值的活动正是营销。

> マーケターのように生きろ
> 营销人的处世之道
>
> 营销的本质是创造、传播、传递和交换价值。

践行营销的4大阶段

> 做你该做的事,而不是想做的事,生活就会变得美好。
>
> ——本杰明·富兰克林

大家的日常工作和生活中都包含着营销的要素,也许你的工作本质上就是营销。

正如前文所说,所谓的营销就是从他人的角度出发,为他人所需要并造福他人。所谓造福他人,就是要为他人创造价值。如果你创造的价值能够与他人拥有的价值进行交换,就证明这个价值是他人所需要的。因此,要想像营销人一样生活,我们可以提出一个更为具体的目标,即为他人创造、传播价值,用自己所拥有的价值与他人所拥有的其他价值进行交换。

本书基于这种思维方法,将营销分为以下4大阶段:

1. 定义市场。
2. 定义价值。
3. 创造价值。
4. 传播价值。

定义市场指的是明确自己为谁提供价值。对于某些人而言千金不换的藏品，可能对另一些人来说一文不值，这样的情况屡见不鲜。因为价值取决于一个人头脑中的思维或意识，所以明确对象是营销的出发点。

定义价值指的是深入发掘他人的需求。他人遇到了怎样的难题？想要获得什么？自己又能够用哪种方式满足他人需求或帮他人化解难题……这些是这一阶段需要认真思索的问题。

创造价值指的是要把已经被定义的价值变为实物。当然，仅凭定义是无法创造价值的。想要创造出价值，就要将被定义的价值变为商品、服务等。

传播价值指的是要让被创造出的价值深入人心。如果自己费心帮助他人解决难题，创造了他人所需要的价值，但是他人却对此一无所知，那么这份价值依然毫无用处。传播价值是让自己为他人所用必不可少的一个阶段。

以上对营销的简要说明只是希望读者能够认识到营销的4大阶段与自己的工作息息相关，从而积极主动地去实践营销思维和技巧。本书会在后续章节对这些阶段进行详细解读。

不论是对待工作、事业还是个人生活，我总是会从他人的角度思考，不由自主地为他人着想。从某种角度上来说，这就像是营销人的一种职业病。希望大家也能通过类似的实践，"患上"这种积极向上的职业病。

マーケターのように生きろ 营销人的处世之道	营销活动包括定义市场、定义价值、创造价值和传播价值 4 大阶段。

打破界限，将营销融入生活

或许唯一能让谦逊和雄心壮志两全的，就是对能造福他人的事情充满热情与雄心壮志。

——约翰·汉尼斯（John L. Hennessy）[1]

不论是将英语翻译为日语，还是将日语翻译为英语，都会遇到无法翻译的情况。这是因为不同语言中的单词并非一一对应。

---

[1] 约翰·汉尼斯是斯坦福大学前校长，谷歌母公司 Alphabet 董事会主席，其经典著作《要领》（*Leading Matters*）作为一本领导指南，凝结了 10 条归真求是的"领导要义"。该书中文简体字版已由湛庐引进、浙江教育出版社于 2020 年出版。——编者著

日语中的"海苔""寿司"等表示食品的单词就没有对应的英语单词。因为此前这些食品对英语世界而言是完全陌生的，甚至连类似的东西都从来没有出现过。

日语中许多表示思想的单词也没有对应的英语单词。例如MOTTAINAI和IKIGAI[①]，它们对其他国家而言是一种全新的思想，因此无法翻译，西方人直接创造了新的英语单词来表达其含义。

类似直接用新的英语单词表达日本人思想的单词还有KAIZEN[②]，这是一个商业领域的专有名词。在日本经济高速发展时期，丰田汽车有席卷全球之势，研究丰田生产方式的美国学者们关注到了KAIZEN这一思想。1986年，今井正明先生在美国出版的著作《现场改善》（*Gemba Kaizen*）大大推动了这个单词的普及。这里提到的KAIZEN指的是一种"全体人员在每道工序上每天改善一点点"的思想。此前，英语世界从来没有这种概念。由于在生产线上负责不同环节的工人之间有着明确的分工，因此，这些工人就变成了机器的一部分。但是在KAIZEN思想中，每个工人都是一个活生生的有机存在的人，能够积极主动地、循序渐进地改善每个工

---

① 这两个单词均为已实现国际化的日语词。前者意为"珍惜"，在东京奥运会期间被用于表示资源再利用等环保理念；后者意为"人生意义"，近年来作为日本的一种人生哲学在欧洲走红。——译者注

② 意为"改善"。——译者注

作环节。这种微小的改善积少成多，最终实现质的提升。正因为这是一种前所未有的新颖的思维方式，KAIZEN 才被吸纳为一个英语单词。

"营销"与 KAIZEN 性质相同。"营销"在日语中找不到对应的词，是一种全新的思想。

KAIZEN 让丰田的生产领域焕然一新，它的适用范围也超越了生产领域，拓展到了整个行业。最终，它跨越了行业界线，被其他行业借鉴，进而被推广到了心理治疗、教育、行政等领域。为什么会出现这种情况呢？这是因为 KAIZEN 不仅仅是一项工作指南，更是一种基于对人的深度剖析而产生的思维方式。

营销主要兴起于商品企划和广告宣传等领域，但是它却能够超越领域限制，推动所有工作方式发生变革。 这种思想鼓励人们站在他人的角度定义、创造、传播、交换价值，让双方都能实现物质与精神的双丰收。

KAIZEN 的运行主体并不只有 KAIZEN 核心机构，不是只有它们才有能力、有权限进行工作环节的改善。KAIZEN 需要每一个人的参与，无论是总经理还是车间的普通工人。

营销同样如此。从总经理到普通员工，所有人都应该从他人的角度出发，适时采取组织、活动或过程等不同的形式，让营销思想应用于公司各个部门。

> マーケターの
> ように生きろ
> **营销人的
> 处世之道**
>
> 营销是所有行业、所有人都可以借鉴的思想。

营销是一种生活智慧

> 拯救一个灵魂的人,应该和拯救全世界的人同样受尊敬。
>
> ——维克多·弗兰克尔(Viktor Frankl)

营销是一种摒弃自私、为他人着想、充分了解并满足他人需求,进而造福于人的思想。希望大家能够把营销思想当作一门生活智慧,应用到工作、事业和生活中去。

"自由主义""民主主义"之类的思想没有对错之分,营销思想也是如此。每一种思想都有与之对立的另一种思想存在。例如"小政府主义"与"集权主义"对立,"保守主义"与"革新主义"对立。既然有把工作流程看作人类身体这样的有机体的KAIZEN,就有把人视为机械零部件的思想,即"科学管理主义"。

倘若营销思想也有对立面,那么与其对立的思想应该是艺术主义。

这里所说的艺术主义，指的是注重自我、内在、才能的一种思想，其目的是发现并释放沉睡在自己身体里的才能，让世界为之倾倒。这种思想追求的不是别人对自己的需求，而是自己想要做的事。它的内涵是人不要为别人而活，要为自己而活。

像营销人一样生活与像艺术家一样生活是两种截然相反的生活方式，它们的区别在表1-1中一目了然。

表 1-1 两种生活方式的区别

	像营销人一样生活	像艺术家一样生活
出发点	他人	自己
目的	造福他人	表现自我
个性	用自己的方式成为对社会有用的人	释放、展现自己的才能，使之广为人知
驱动力	他人对自己的需求（使命感）	自己想要做的事
口号	用自己独一无二的方式填补世界的缺口	不要为别人而活，要为自己而活

我并不否定像艺术家一样生活的生活方式。我曾经也追求这种生活方式，而且至今依然对此怀揣憧憬。

才华横溢、令众人仰慕的人自然会渴望像艺术家一样生活，对以一己之力改变世界的故事心驰神往。影视剧作品中的主角大都是像艺术家一样生活的人。这样的生活方式当然无可厚非。凭借不落窠臼的奇思妙想缔造时代的人会成为人们心目中的伟人。但是，也有一些人会因为人人都应该拥有远大理想的说法而倍感压力。

才华横溢、令众人仰慕的人其实寥寥无几。那么，缺乏这种才能的人又该怎么办呢？

有的人面对自己与才华横溢的成功者之间的差距而心灰意冷，有的人在生活中屡败屡战却依然不肯放弃自己破碎的梦想，有的人甚至根本不清楚自己具备什么样的才能……那么有没有方法让这些人也能创造辉煌的人生呢？

有，那就是像营销人一样生活。

这世界上必定有一块只有你才能填补的缺口。可能你并没有令众人仰慕的才华，但每个人都有一技之长。想要发现自己长处，就需要摆脱自我表现的束缚，从他人的角度出发看问题。

像艺术家一样生活的人，他们的一生充满戏剧色彩，其经历往往让人为之动容。而这源自他们的人生信念。但我相信，像营销人一样生活的人同样有不向命运低头的精彩人生。因为其中也包含着我们的思想和信念。

マーケターの ように生きろ **营销人的 处世之道**	**像营销人一样生活，是让那些不具备令众人仰慕的才华的人也能创造辉煌的人生。**

做像营销人一样生活的艺术家

> 让他人感受到喜悦，是摆脱痛苦的唯一方法。只要思考"自己能做些什么"，然后付诸行动就对了。
>
> ——阿德勒

思想往往具有普适性，适用于所有人和所有情境。纵然是在大多数人都信奉像艺术家一样生活的音乐界，也有像营销人一样生活且创造出璀璨人生的艺术家。

西野加奈是我非常喜爱的一位音乐人。在2014年11月25日日本Sponichi Annex新闻网的采访中，西野女士讲述了自己作词的经过：

> 我在请人作曲之后，会根据乐曲给人的感觉确定歌词的方向，先写摘要，然后加上一个很长的暂定标题，设定好歌词里的主角，再开始作词，词也会写得非常长。接着，我会做问卷调查。这一点非常重要。最后，我会按照调查结果对歌词和标题进行删改，并确定点睛之笔是放在副歌还是其他地方。

这一过程与大型消费品企业研发商品的过程颇为相似。显然，西野女士没有在这种企业就职的经历，这种作词方法应该是她独创的。大型消费品企业往往在吸取了多年的经验教训之后才能总结出这种方法，而西野女士能够凭借一己之力开创这一方法，实在令人惊叹。

　　成功的大型消费品企业和独树一帜的日本歌手的行为方式殊途同归，并不让人意外。因为他们其实都有着同样的目标。这个目标就是创造出好的作品，博得更多人的喜爱。正是因为对此坚持不懈，宝洁、联合利华才会成为世界级的消费品企业，西野女士才会成为日本极具代表性的歌手。

　　在社交网站上，也有一些人反对西野女士的作词方法。在他们看来，西野女士把创作热门歌曲视为唯一目的，这种做法有违歌手的初心。而支持西野女士的人打抱不平地说："西野女士的音乐虽然具有商业性，但她也是在用心创作，作为一个专业歌手免不了有所妥协。"

　　这两方的意见我都不敢苟同。因为在我看来，西野女士用问卷调查的方式创作歌词，正是在跟随自己的初心，只是她的初心从一开始就与众不同。

　　在同一场采访中，西野女士还说过这样一句话：

　　　　与其固执己见，不如唱一首好歌。

　　西野女士认为她自己并不能定义什么是好歌，她认为好歌的标准应该由听众来定义。她并没有对歌迷曲意逢迎，而是对好歌的定义有着独到的理解。

我从她的音乐中感受到了一种宏大的思想：只有听众才能定义什么是好歌，也只有听众才能赋予一首歌价值。因此，只有通过问卷调查，倾听歌迷的心声，才能创作出一首好歌。正如泰勒·斯威夫特所说，她希望自己拥有的超能力是治愈人心。一首歌成为热门歌曲，只不过是它作为好歌的附加结果。西野女士的目的并非创作一首热门歌曲，她只想遵从初心，创作一首好歌。

这种创作过程恰恰体现了营销思想的精髓。

营销是一种具有广泛适用性的思想。 有时它能成就世界级的企业，有时它能打造出划时代的流行音乐和歌手。而实现这些成就的关键在于，真正地把营销看作一种思想，并且不折不扣地坚持到底。这样，我们的人生也会变得丰富多彩，毫不逊色于那些像艺术家一样生活的名人大咖。

マーケターのように生きろ 营销人的处世之道	像营销人一样生活和像艺术家一样生活只是两种不同的生活方式，并没有优劣高下之分。

像首席营销官一样思考

マーケターのように生きろ

● **商业活动**

把你日常工作中涉及营销的内容列一个清单。

● **职业规划**

思考一下你想要像艺术家一样生活,还是像营销人一样生活。

● **个人生活**

把你的兴趣爱好、业余活动中涉及营销的内容列一个清单。

マーケターの
ように生きろ

第 2 章

营销是人类智慧的结晶

越是优秀的品质,

越需要下功夫宣传,

才能为人所识。

> 在那些持续获得成功的人们看来,他们奋力为旁人做出贡献的同时也促进了自己的发展。
>
> ——杰里·波拉斯(Jerry Porras)

像营销人一样生活,就是要时时刻刻为他人着想,了解并满足他人的需求。

"他人包括哪些人""他人的需求是什么""怎样满足这些需求",只要稍稍深入思考一下这些问题,便会发现像营销人一样生活并不简单。

知名企业老板在被问到成功秘诀时,大多会回答"了解消费者,然后满足他们的需要"。明白这个道理的人很多,获得同样成就的人却寥寥无几。这是因为能够满足消费者需求的方法众多,需要我们灵活选择。

事实上,学会营销就是要掌握关于营销的实践性技巧。营销是一种思想,但如果这种思想仅仅停留在口头上,那么它将变成一种空想,没有任何意义。我们不但要有高远的理想,还要钻研如何把它变成现实。这一系列的知识性活动才能体现营销的价值。

营销是思想而不是空想,因为营销包括许多实践性技巧。这些技巧经历了规模宏大的实验验证,是全球企业为了解并满足他人的需求,进行反复实践,耗时数十年而得出的思想结晶。

本章将会介绍这些实践性技巧,并讲解怎样利用"像营销人一样生活"的生活方式,来重塑我们的人生。

> マーケターのように生きろ
> **营销人的处世之道**
>
> 营销包含一些实践性技巧,是全球企业为了解并满足他人的需求,进行反复实践而得出的结果。

走出 3 个误区,了解营销的本质

明确营销的本质(核心),以及哪些活动属于营销的范围是至关重要的。"营销"这个词很容易让人产生误解。我曾向一些公开对营销表示厌恶的人询问详细的缘由,结果发现他们其实只是对营销的本质和范围有误解。

接下来,我将会解读关于营销的 3 个误区,以便更清晰地展示营销的本质和范围。此后，我还会介绍营销活动中 3 个典型的实践性技巧，并通过具体案例来抛砖引玉，启发各位读者利用这些实践性技巧来实现工作、职业和人生的转变。

误区 1：营销就是广告宣传

我发现那些声称自己厌恶营销的人，普遍认为营销就是广告宣传。我们时常会在社交网站上看到这样的评论："最近很多偶像歌手是凭包装走红的，我更欣赏靠歌曲说话的实力派歌手。"

作为一个营销人，听到这种评论时，心里难免不是滋味。这里所说的"包装"多半指的是粉丝见面会、电视节目之类的宣传活动。

营销是从定义价值到创造价值的过程。对应上文的评论，"价值"就是"靠歌曲说话"中的"歌曲"，而营销的作用就是影响大众对歌曲的认知。

如果精心制作的优秀作品得不到出色的宣传，那么它的价值就无法得到实现。宣传推广也是实现价值的重要环节之一。

即使是不熟悉营销的人，大多也听过"4P 营销理论"。这是 1960 年美国密歇根州立大学的杰罗姆·麦卡锡（Jerome McCarthy）教授在《市场营销学基础》（*Basic Marketing*）

一书中提出的理论。当然，如今这个理论中的有些内容已经过时了，但是这本书依然是营销行业的入门书。下面是 4P 营销理论的内容：

- Product（产品）：生产什么？
- Price（价格）：卖多少钱？
- Place（渠道）：在哪里卖？
- Promotion（推广）：怎样让消费者知道？

推广只占 4P 营销理论的 1/4。我在前文谈到了营销的 4 大阶段。与 4P 营销理论相比，我剔除了"价格"和"渠道"，将"产品"更为细致地分解为 3 个部分。营销的 4 大阶段更为注重核心产品部分，这一理论在工作和生活中可以通用。4P 营销理论中的推广包含在"传播价值"中，在 4 大阶段里也只占 1/4。

尽管理论略有不同，但是我们能从中得出同一个结论："营销就是广告宣传"是一个严重的误区。

> マーケターのように生きろ
> **营销人的处世之道** | **广告宣传只是营销的一部分。**

误区 2：只要产品质量过硬，就无须营销

> 没有哪个 CEO 会像史蒂夫·乔布斯那样深度参与广告宣传。每周三，他都会亲自逐一检查、审批新制作的宣传节目、海报和广告牌。
>
> ——李·克劳（Lee Clow）

做营销不仅要生产优质产品，而且要追根溯源地研究如何生产优质的产品。那么，我们是否可以认为只要产品质量过硬，就无须营销呢？毫无疑问，这一观点是错误的。

根据日本国税厅《清酒制造业概况（2018 年调查样本）》，日本共有 1 371 家清酒制造商，清酒品牌数量更是在这个数字的一倍以上。来日本旅游过的朋友想必都在地下美食街或旅游途中喝到过冲击味蕾的清酒吧。清酒制造商中有众多的老字号，而且它们都历经了数十年乃至上百年的岁月积淀。正因如此，其中必然不乏佳酿。然而我们能够叫出名字的品牌又有几个呢？如果不是钟爱清酒的人，恐怕能说出来的清酒品牌用一只手就数得过来。我能想到的热销清酒品牌只有"獭祭"、"而今"和"十四代"。这能否说明其他品牌生产的都不是优质产品呢？不能。仅凭销量不佳，就将这些精心酿造的清酒全部否定，我无论如何也做不到。虽然日本传统工艺品中工艺精湛、独具匠心的优质产品数不胜数，但是依然有很多传统工艺面临着生存危机。由此可见，如果优质产品没有被更多的人了解，

势必会销量惨淡。

越是优质的产品，越需要下功夫宣传。下功夫宣传产品未必需要高额的预算，有很多地方媒体和互联网广告只需要收取少量费用就能开展宣传活动。

有些品牌方常年在社交网站上兢兢业业地发布信息，粉丝数量积少成多，最终获得大众的认可。也有些品牌方想方设法让自己获得媒体关注和名人推荐。许多表面上依靠口碑迅速传播的热销商品，其实背后是商家在不遗余力地宣传。据说如今门前大排长龙、一"圈"难求的人气甜甜圈店在走红之前，店员曾全体出动，在电视台门前派发甜甜圈，只为能够"巧遇"探店节目的制作人。通常这些卖力宣传的行为并不为人所知。因为生产者更想展现的是产品本身的品质，而不是自己在宣传上投入的大量精力。因此，虽然人们对产品的关注点往往是"炒作走红"，但实际上不存在不依靠宣传还能声名鹊起的产品。

彼得·蒂尔（Peter Thiel）不但是一位企业家，而且是一位著名的投资人。当年他慧眼识珠，看到了 Facebook 的潜力并投资巨款，与埃隆·马斯克等人一起创办了 Paypal，这些举世闻名的投资举措也让他获得了丰厚的回报。

他的著作《从 0 到 1》（*Zero to One*）中有这样一段话：

硅谷的书呆子对广告、营销、经营等事物持怀疑态度。在他们看来，广告流于表面而且不合逻辑。但是，广告实际上是有效果的。

"书呆子"这个称呼固然有些粗鲁，但是从中能够看出蒂尔对人们轻视广告的态度而感到愤愤不平。

索尼的创始人松下幸之助先生也说过类似的话：

> 我们做商人的，有义务告知消费者"如果您使用这款商品，生活将会更加便捷"。而要履行这一义务，就要进行宣传。
>
> 生产出值得宣传的东西，才有宣传的必要。不值得宣传的东西必须停产。

以下这段文字节选自竹林笃实于 2018 年发表在《朝日新闻》上的报道。竹林笃实这样称赞松下幸之助先生：

> 或许松下幸之助在投身商海伊始，便已经切身体会到，所有商业活动的本质都是等价交换，而只有消费者才能判定商品价值的大小。

这一观点恰恰揭示了营销的本质。松下幸之助先生不愧是日本的"经营之神"。

> マーケターの
> ように生きろ
> 营销人的
> 处世之道
>
> 广告宣传是传播价值的必要条件。

误区3：倾听消费者的声音会扼杀创新

> 在这个世界上，创新就是创造人们想要的东西，即使人们还不知道他们想要什么。
>
> ——汉尼斯

下面是乔布斯非常欣赏且时常挂在嘴边的一句话，这句话出自汽车之父亨利·福特之口：

> 如果我最初问消费者他们想要什么，他们会告诉我"想要一匹更快的马"。

在汽车实现量产之前，人们主要的交通工具是马车。因此，如果你问那个时代的人，他们最想使用哪种方式出行，只有福特和卡尔·弗里德里希·本茨（Karl Friedrich Benz）这样具有先见之明的人，才会想到汽车这种创新型产品。而乔布斯和他的合作伙伴——苹果公司的首席设计师乔纳森·伊夫（Jonathan Ive），就是现代版的福特和本茨。不过，如果仅凭乔布斯对福特这句话的欣赏，就断言倾听消费者的声音会扼杀创新，未免太过草率。

事实上，宝洁就是一家时刻倾听消费者声音的企业。迄今为止，它实现了不计其数的产业革新。

现代家庭里还有多少人在使用洗衣粉呢？恐怕很多年轻人都已经不认识这种产品了吧。如今走进千家万户的洗衣液，其实就是宝洁在 20 世纪 70 年代进行的一项技术创新。也许多年以后，该公司的新产品洗衣凝珠也会让洗衣液消失于人们的记忆中。不论是宝洁还是它的竞争对手联合利华，这些大型消费品企业都成立了大规模的产品研发实验室。虽然许多创新都来自实验室而非消费者，但是即便是诞生于实验室的创意，也要通过生产者与消费者的沟通交流来实现商品化。**倾听消费者的声音，可以让创新过程变得更加精准高效。**

在乔布斯所处的时代，调查的基本方法是"问"，问消费者想要什么。然而，现在的营销调查并没有这么简单。

如果某家企业在征询消费者的意见之后，生产出了速度更快的马车，最后依然在与福特的竞争中落败，那么这家企业的问题不在于没有倾听消费者的声音，而在于倾听的方式不对。

倾听消费者声音的真正目的是了解消费者。企业要了解消费者无法用语言表达，甚至是自身都没有意识到的需求。所以营销人必须在宣传产品时善用各种营销方法，发掘消费者需求。这些方法源于心理学家欧内斯特·迪希特（Ernest

Dichter）所提出的动机研究。

　　迪希特于 1907 年出生于奥地利维也纳，他出生后的第二年，出现了汽车历史上第一批实现批量生产的福特 T 型车。

　　在维也纳时，迪希特曾与著名心理学家弗洛伊德做过邻居，因此开创了通过深层次分析消费者的购买心理来促进销售的方法。纳粹上台之后，身为犹太人的迪希特逃离欧洲，流亡美国，在被称为"广告街"的纽约麦迪逊大道成为时代的宠儿。他总结出的从动机研究衍生出来的各种营销方法，逐步成为广告界的行业标准，并一直被沿用至今。

　　例如，汽车销售行业常常会把没有市场的跑车用作宣传道具，或是放在醒目的摆台上展示。这一营销方法就源自 20 世纪 30 年代后期迪希特针对克莱斯勒汽车的调研成果。

　　根据迪希特的分析，当时驾驶汽车的主流人群是已经成家立业的中年男性，而敞篷跑车能够唤醒他们的"风流梦"。敞篷跑车对他们而言很有吸引力，但很少会有人真的买一辆回家。中年男性难以抗拒跑车的魅力，便会情不自禁地踏入经销商的店铺中。这种将深层购买心理和性相结合的营销方法也受到了当时盛行的弗洛伊德心理学的影响。

　　不过，这个案例的重点在于探究消费者的深层心理，而这种心理是难以通过口头询问发掘到的。在这种方法的帮助下，克莱斯勒汽车获得了成功。时至今日，许多汽车商家依然在使用这种"通过摆放跑车来吸引消费者走进店铺"的营销方法。

消费者往往连自己也意识不到自己的深层心理，即使他们意识到了，也绝对不会轻易表达出来。如果你开门见山地问一个已经成家立业的中年男性："你想要一辆什么样的车？"他只会回答"一台全家人都能安全乘坐的家用车"。如果你问他："哪个车行会让你产生走进去看一看的欲望？"那么想必任何一个人都不会回答"那家摆着性感拉风跑车的车行"。**要想洞察消费者的深层心理，就需要具备眼力和知识，能够察觉对方不自知或不方便表达的需求。**

毋庸置疑，乔布斯是一位大师、一位天才。他不需要和消费者进行深入谈话，就能够把握他们的深层心理，从而不断对产品推陈出新。我曾对美国同事说"日本从没诞生过像乔布斯那样的大师"，而这位同事的回答是"在美国，也没有第二个乔布斯"。

因此，大多数普通人要想实现创新，还是要从消费者的角度出发，去了解消费者。不具备大师级才能的人要想在创新之路上小有成就，乃至大获成功，像营销人一样思考是最务实的一种方法。

> マーケターのように生きろ
> **营销人的处世之道**
>
> 倾听消费者的声音是实现持续创新的有效方法。

活用 3 个典型的实践性技巧

在带领大家了解了营销的本质后，我将特别介绍与营销相关的 3 个典型的实践性技巧。希望大家在探索营销这片"密林"之前，能够先在"公园"接受入门培训，掌握方法，先行体验营销的效果。

发掘感知价值和情感性价值

营销的本质是创造并传播他人所需要的价值，与他人拥有的价值进行交换。这里所说的价值特指他人能够感知到的价值，即感知价值。如果他人感知不到价值，就意味着价值不存在。

以矿泉水为例，不同品牌的矿泉水，矿物质含量也会略有不同，但是人们几乎喝不出区别。因此，虽然不同品牌矿泉水的成分和口感确实存在差别，但消费者却很难感知到。这种成分和口感上的细微差别可能具有一定的营养学意义，但从营销学的角度来看，它们带来的感知价值并无差异。由于其成分、口感的差别微乎其微，日本国内矿泉水商家只能从其他方面入手，与竞争对手的产品区分开来。

在营销过程中，即使产品实际上存在差别，如果消费者感知不到，这种差别就没有形成价值；相反，只要消费者感知到了某种差别，即使产品的实际差别并不存在，也能形成价值，

这就是感知价值。

如果某矿泉水外观时尚高端，那么可能它的价值就是"喝起来很上档次"；如果某矿泉水厂商追求环保，那么在爱护环境的人眼中，该厂生产的产品可能就具有"喝起来让人安心"的价值。**这种对消费者而言没有实际用处，却能让消费者感觉有意义的价值，在营销行业中被称为情感性价值。**

如果你在超市里看到一款从没见过的矿泉水，它的售价与富维克、乐活等品牌完全一样，那么你会买哪一款？如果这些知名矿泉水的售价略微高一些，你又会选择哪一款呢？想必大部分人还是会选择富维克和乐活。尽管它们与你第一次见的那款矿泉水在口感上并无差别，但显然其中存在其他价值让你做出了购买选择，这就是情感性价值的作用。

掌握感知价值和情感性价值这两种价值的运用方式，你就能在工作上更加得心应手。

在向消费者推销产品的时候，聚焦在感知价值上才能事半功倍。比如，某公司生产的印刷机的卖点之一是静音，而这与同类产品相比是一项至关重要的优势。公司在生产研发过程中耗费了巨大精力，因而希望极力宣传这个卖点。但是，对一个在工厂上班的客户而言，厂里机器的噪声犹如山呼海啸一般，这种静音性就没有了任何价值。如果消费者担心工厂内噪声过多，可能听不到印刷机发生故障时的警报声，而机器能向手机发送故障提醒，那么这种提示性功能或许能让人感知到其他层面的价值。

此外,关注情感性价值,同样能够赢得商机。例如,墨水这类产品的环保性能与产能、质量没有太大关系,但是如果通过提升环保性,满足了环保人士的情感需求,那么它就能创造有意义的价值。需要注意的是,"价值"和"需求"之间并不一定能画等号。很多时候,单纯询问需求,并不能发掘出消费者所需的情感性价值。例如,一些人选择饮用精美的进口矿泉水,是苦于自己看上去不够上档次。因此,即使你向买水的人询问需求,对方也只会回答说:"需求?哦,我口渴了。"

人们往往能够主动发现需求层面的价值,却很难意识到情感层面的价值。 优秀的营销人往往会用聊家常的方法来发掘消费者所需的情感性价值。

> マーケターの
> ように生きろ
> **营销人的
> 处世之道** | 如果感知不到价值,就意味着价值不存在。

注重表达内容和表达方式

思考表达内容

你究竟是想一辈子卖糖水,还是希望获得一个改变世界的机会？

——乔布斯

请设想这样一个场景：作为人事部主管，你要在新员工面前致辞。那么，你要先深入考虑的是新员工想听什么，而不单单是如何进行自我表达或代表公司提出要求。"进行个人提升""为公司做贡献""在工作中大显身手"等都是新员工的普遍诉求。你要考虑的是除此以外，他们是否还有更高层次的需求。

这让我回想起自己刚入职时的情形。由于之前听说公司氛围很轻松，但是我又不知道究竟轻松到什么程度，也不清楚公司对行为规范方面的细节究竟有多重视，因此十分焦虑。我记得当时自己常常忧心忡忡，不知道需要多长时间才能完全熟悉业务，又怕忙于工作的同事不是真心地欢迎自己。

假如我入职时的担忧也是其他新员工的担忧，那么下面就是人事部主管应当讲的内容：

- 公司十分重视自由平等的企业文化。
- 我想你们也听说了，公司氛围确实非常轻松，不用拘束。
- 熟悉业务通常需要两个月的时间，我们都觉得这个时长差不多。
- 大家都盼着你们来，早就做好准备了。

如果人事部主管的致辞包含以上内容，那么这就是一段设身处地为他人着想的致辞。

斟酌表达方式

不过，一名合格的营销人不能就此止步，除了要能够改变他人的想法，还要具备改变他人行为的能力。这就需要我们在进行沟通时斟酌表达方式。

请设身处地地感受一下。场景是在下班途中的一家家庭餐厅，在大公司就职的一位朋友约我出来聚餐。这位朋友刚从国外出差回来，兴致勃勃地谈论了一番他充实的工作，而后突然脸色一沉，对我说道：

你今后到底想怎么办？你年纪也不小了，打算做自由职业做到什么时候？你一休息就玩游戏，这样下去可怎么办呀！自己一定要多用点儿心，找个正经工作。这话我也不想说，可都是为了你好，别人谁能跟你掏心掏肺说这些？

想必读者能够明白这位朋友想要表达的意思。但是，面对这样的表达方式，你必然难以接受他的观点，也不会因此改变自己的想法和行为。

下面再来感受一下另一种表达方式。

一个假日，我和另外一位朋友在逛街，两人在超级钱汤①用餐之后一起泡澡，这时他说道：

啊——太舒服了！希望一直都能享受这样惬意的生活。不知道二三十年后咱们都在干什么呢？说不定出国工作了，每隔三年五载才能回日本一趟，到时候再这么享受一次，估计会感动到哭出来吧。咱们都过得有滋有味的，就挺好。你打算以后干点儿什么呀？

这位朋友想说的话与前面那位朋友一样，都是想劝我用心找个正式工作。不过，这位朋友是真心实意地替我担忧，希望我能够改变想法和行为，因而他在表达方式上下了功夫。

想要改变他人的想法和行为，首先，要用心营造表达的氛围，让对方敞开心扉、倾听自己的内心。其次，坚决不能否定对方，以免他心门紧闭。最后，要循循善诱地让对方憧憬未来，主动坚定奋斗的决心。这样才能让他真正地接受劝告，并落实到行动中。

两位朋友的表达方式孰优孰劣，想必大家一目了然。或许，后一位朋友的话表面上有些不知所云，但他最终能够打动

---

① 日本以按摩、餐饮、洗浴等休闲娱乐为主要经营项目的公共浴池。——译者注

我的内心，改变我的行为。这种表达方式也值得大多数电视广告制作人学习。

　　有些电视广告总是滔滔不绝地陈述商品卖点。这种广告在日本的节目中并不多见，一是因为它关注度不高，二是因为日本电视节目的制作人已经明确了应该采用哪种表达方式。**相比于直接抛出商品的卖点，采用讲故事和表演的方式不会产生说教的感觉，更易于让人们接受。**

打磨表达技巧

> 所有人际关系，都是与消费者的关系。对一家公司的经营者而言，所有员工都是消费者。
>
> ——松下幸之助

那么，我们应该如何向新员工致辞呢？下面我们来重温一下人事部主管想要表达的内容：

- 公司十分重视自由平等的企业文化。
- 我想你们也听说了，公司氛围确实非常轻松，不用拘束。
- 熟悉业务通常需要两个月的时间，我们都觉得这个时长差不多。
- 大家都盼着你们来，早就做好准备了。

下面我们就针对前两点内容，思考一下怎样才能打动他人，让他人易于接受自己的观点。

我们不妨谈一谈自己刚入职时的亲身经历，这样既能使致辞生动具体，又可以缓解新员工的紧张情绪，拉近彼此之间的距离。譬如，你可以这样说：

> 大家好。大家很紧张吧。我现在一想起自己第一天进公司的时候，还有点儿慌张。我是跳槽过来的，上一家公司是外企，因此公司对寒暄问候的要求没那么高，我在社长面前也总是没大没小的。虽然听说咱们公司的氛围很轻松，但是我刚来的时候还是告诫自己，不能像以前那样。于是我只要在走廊里遇见对面来人，都会大声问好。直到有一天，团队里有人对我说："以前只是听说外企是军事化管理，没想到真是这样。"我这才恍然大悟，赶忙解释。从那以后，我在走廊再遇见人，哪怕是大领导，也不会那么拘谨地打招呼了。因为其实领导层也不喜欢繁文缛节。

如果一名新员工一听说公司氛围轻松，当即就能摆脱紧张的情绪，那么这个新员工必定不是凡人。然而，大多数人做不到这一点，这就需要人事部主管运用表达技巧，缓解他们的紧张情绪。

在沟通交流中实践

不论从事哪一领域的工作，你都有自己的客户，你的工作目标就是让他们"购买东西"。如果你的客户是上级，那么你销售的就是自己的策划、提案、观点、价值等。如果你的客户是下属，那么你销售的就是自己的管理理念。

——杰·亚伯拉罕（Jay Abraham）

选择合适的表达内容和表达方式，会让沟通更高效。有些营销人甚至在教育孩子时采用这种方法，而且颇有成效。

一名营销人要拜托其他同事办事，这时他不仅要思考说话的内容，还要制定策略，认真思索怎样拜托他人。如果事情有可能给对方造成不便，那么他可以利用会议结束后的闲谈时间，主动邀请对方共进午餐，再行商讨，比如可以搭话说："这会议真够长的啊，你午饭打算吃什么？"

如果想让对方更容易接受自己所表达的内容，那么还要注意措辞和表达方式，切忌使用专业术语。我们虽然在工作场合常常会不自觉地使用专业术语，但在表达时一定要有意识地规避它们，这也是提升表达能力的一个方法。

无论是谁，在即将与位高权重的人或重要客户谈话之前，都会预先进行类似的准备，从对方的角度出发进行谈话。

这是一种可以推而广之的方法，既无须花费金钱，也无须花太长时间，就可以让一切沟通交流变得顺畅自如。其实这种方法的本质就是接待。**对营销人而言，一切沟通交流都是接待。**

> マーケターの
> ように生きろ
> **营销人的
> 处世之道**
>
> 在一切沟通交流中都要注重表达内容和表达方式。

倾听消费者的声音

一提到营销，人们时常会联想到广告宣传。实际上，营销的背后是朴实无华的数字游戏。做问卷调查就是营销人的日常业务工作，共分为以下两个阶段。

阶段1，提出假设

提出假设是做问卷调查的重要步骤。如果没有假设，那么问卷调查就没有方向。实际上，调查问卷上的每一个选项都是一个假设。

例如，问卷调查中的问题可能是"在选购罐装咖啡时，您最关注的是什么"，答案包括"佐餐""低卡""提神"等选项。问卷的制作者之所以会把"佐餐"列入选项，就是因为他事先提出了"选购罐装咖啡的人会关注佐餐"的假设。

在提出假设之前，需要进行调查工作。最常见的方法是深度访谈，即对一个或几个人进行细致的谈话和采访。

如果人事部主管即将在新员工面前发表讲话，却不清楚对方究竟想听什么，而他们自己的入职都已经是陈年旧事了，如今年轻人的价值观已与从前的大不相同，在这种情况下，主管就需要尽快采访新员工或那些与新员工接触最多的人，至少采访一个人，采访对象多多益善。进行深度访谈不需要非常正式，采用电话、邮件、网上聊天等形式均可。这种采访的目的是提出假设，所以不必计较数据是否准确。在你绞尽脑汁也想不出假设的时候，这种采访可以对你有所启发。创意实际上就来自这些采访。有些人能够源源不断地萌生好点子，他们的秘诀就是持续"输入"更多信息。采访就是最简便的信息输入方式。

从专业角度来看，在进行深度访谈之类的调查前需要先做假设，否则所选择的访谈对象、研讨的问题都会失去意义。哪怕是对专业人士而言，凭空假设也并非易事，因此，不能简化做假设的过程。

阶段2，用数据验证假设

至此，你所提出的观点依然还只是假设，需要用数据验证。在构思假设的时候无须计较数据是否准确，是因为之后要通过问卷调查进行验证。

由于假设是一种观点，所以人们在提出假设时必须发散思维，尽可能地摆脱限制。这就好比在公司开头脑风暴会，不应该问对错，也不应该针对假设进行批评。如果一个人我行我素，固执地坚持自己的假设，那么就永远无法从他人的角度出发。"您看这款夏季的连衣裙怎么样？""您所说的白色是这种感觉的吗？"营销人其实就应该像服装店里不停给出建议的店员一样，围绕自己的假设与消费者反复沟通交流。**沟通交流的手段就是进行问卷调查。**

问卷调查当然是设计得越专业越好，但设计越专业，开销也相应会越大。不过，即使预算没有那么多，也不应该放弃做调查，因为亲手准备调查也不失为一种好方法。例如，我们可以在演讲之后分发问卷调查表，请听众填写整体满意度、印象最深刻的内容，以及其他想听的内容，再结合听众的反馈，审视自己的表达内容和表达方式是否存在问题。如果演讲是一连举办多日，或者是定期举办的，那么我们在每次演讲之前都要及时分析问卷，并依据分析结果修改演讲内容。

在社交网站、博客、YouTube等平台做自媒体时，我们也可以倾听受众的声音，把调查分为两个阶段。

阶段1，针对网友热衷浏览的内容提出假设。倘若这一过程并不顺利，那么可以直接联系几位目标对象进行采访（调查的第一阶段）。如果目标群体是青年商务人士，那么不妨邀请公司的年轻同事去小酌一杯。我自愿担任公司年轻同事的工作顾问，只要他们有谈心的需求，我都会请他们吃饭，然后和他们聊一聊。虽然这种聊天是在为他们服务，但是我在这个过程中了解到了青年商务人士感兴趣的信息，意外收获了很多灵感，并且运用到了这本书的构思中。

阶段2，提出假设之后，就要将其整理并发布，并不断利用反馈验证假设。 在网络上发布信息的优势在于可以立即获得数据反馈，互联网迅速交互的特性很适合开展调查。反馈较好就意味着假设通过了验证，反馈较差就说明假设的方向存在问题。我们可以采用多种不同的表达方式来表达同一个内容，从而验证表达方式是否合适。

我们来重温一下本章内容，营销是全球企业为了解并满足消费者需求进行反复实践，耗时数十年而积淀下来的智慧结晶。将"了解并满足他人的需求"的目标放在心上，在不懈追求这一目标、找寻自身的闪光点和毕生事业的时候，我们需要掌握更加高效的表达方法。

マーケターのように生きろ
像首席营销官一样思考

● **商业活动**

在职场沟通中有意识地注重表达内容和表达方式。

● **职业规划**

设想一下你能为公司和社会提供的情感性价值。

● **个人生活**

利用社交平台做一个实验：用不同的表达方式发布同样的内容。

マーケターのように生きろ

第二部分

4个步骤，让你的工作和人生柳暗花明

マーケターの
ように生きろ

第 3 章

步骤一，定义市场，
找到一个"让你更加闪耀的地方"

定位服务对象的第一步是分类，
而非直接寻找目标。

确定提供价值的对象，把握关键点

本书将营销划分为 4 大阶段。接下来，我将对这 4 大阶段进行深入剖析。

定义市场就是指确定提供价值的对象。 在营销活动中，产品的价值取决于他人而非自己。即便产品之间确实有优劣之别，但如果消费者感知不到，那么这种差别在竞争当中便无法形成价值。总而言之，价值因人而异。

按照营销的流程，我们应该定义、创造并传播价值，但如果不先确定提供价值的对象，那么最终提供的价值很可能与他人的需求并不匹配。因此，我们要思考一个根本性的问题：这个对象究竟是谁？

把哪些人视为提供价值的对象，我们才能够最大限度地发挥自身能力，服务于更多人呢？当然，最理想的对象是全人类，可惜我们并不是拯救地球的超人。从华尔街的证券精英到居住在亚马逊丛林深处的原住民，人类的需求形形色色，不可能有某种产品能够同时满足所有人的需求。因而,企业在分析自己的产品究竟如何能够让人更加幸福、快乐的时候,必须把服务对象限定在特定群体中。

人和企业一样。无论是工作还是生活,如果想成为一个被人需要的人,就要把提供价值的对象限定在一定范围内,这样才能帮助到更多的人,这便是定义市场的意义所在。

> **マーケターのように生きろ**
> **营销人的处世之道**
>
> 定义市场就是指确定提供价值的对象。

平衡个人能力和受众群体规模

如果你在工作之余还是一名 YouTube 视频博主,这时你就会面临一个选择:像艺术家一样生活,还是像营销人一样生活?

如果选择像艺术家一样生活,你只需要保持创作激情,尽情选取自己想创作的题材。你既可以点评第二次世界大战前古典钢琴家的特点,也可以研究托尔斯泰笔下的沙俄政体。

如果你选择像营销人一样生活,就要选取能够满足他人(观众)需求的题材。你可以向茫然无措的学生和刚刚步入社会的新人提出关于职业规划的建议。如果你的专业领域涉及"专利",你还可以发挥这项优势,深入浅出地向商务人士讲解专利制度。

本书主张像营销人一样生活,但是在做选择的时候,你需要注意平衡受众群体规模和个人能力。

很多人在发现自己发布的某项内容具有独创性之后,都会倾向于继续在这一领域发力。例如,当他们发现其他博主都只是提出有关职业规划的建议,而只有自己能讲解专利方面的知识时,就会继续做专利讲解视频。

也许你对自己的专利讲解技能和视频剪辑技术很有信心,并且能够制作出浅显易懂且兼具独创性、趣味性的高质量视频。但是想要了解专利制度或学习专利知识的 YouTube 用户并不多,那么对这类话题感兴趣的群体规模显然是有限的。

其实,播放量与视频质量无关,但是制作者往往会陷入"播放量低就意味着需要提高视频质量"这一思维误区。这就是缺乏定义市场观念的人易犯的典型错误。因此,视频博主要树立定义市场的观念,可以试着将"协助进行职业规划"定为主题,思考受众规模的大小;也可以利用与专利相关的特殊职业经历,选取"专家的职业规划"之类的题材,在市场规模与个人能力之间不断寻求平衡。

> マーケターの
> ように生きろ
> 营销人的
> 处世之道
>
> 在定义市场的时候,要注意在市场规模与个人能力之间不断寻求平衡。

尽量选择更大的市场

> 给更多的人带来更大的幸福,乃吾辈之义务。
>
> ——涩泽荣一

YouTube 上的全球知名网红 PewDiePie 最热门的视频是游戏直播视频。视频内容的独创性非常重要,可是游戏直播视频几乎毫无独创性,人人皆可做,并且目前已经有大批博主进入这一领域。表面上,游戏直播领域不是一个合适的市场,但是它有一个压倒性的优势——具备庞大的市场规模。

日本知名 YouTube 博主 HIKAKIN 的游戏直播视频同样火爆。HIKAKIN 是从他所擅长的打击乐入手,开始制作视频的,但后来他逐渐涉足游戏直播领域。想必这是他为了获得更多流量,主动比较市场规模之后做出的改变。即使他技艺再精湛、视频质量再高,仅凭打击乐表演吸引到的观众数量也必然很快达到上限,很难再有突破。

反观在 YouTube 观看游戏直播的人,这一群体数量比打击乐表演的观众数量大得多，其中不乏从一开始就想看HIKAKIN开游戏直播的人。

当然，一个人在真正选择市场时还需要进行冷静的自我分析。想要在竞争激烈的游戏直播领域获得关注，必须具备相应的能力素质。先要判断自己有没有相应的能力，然后要思考怎样利用自己已经积攒的知名度。HIKAKIN就是经过了综合的考量，才决定投身于游戏直播这一更大的市场的。

在思考如何发挥自身能力服务于他人的时候，既可以着眼于独创性，面向少数群体；也可以关注大众的呼声，面向多数群体。**像营销人一样生活的人应该选择面向大众，选择更大的市场，为更多的人服务**。从事游戏直播的HIKAKIN与营销人选择市场的思维方式不谋而合。

マーケターのように生きろ 营销人的处世之道	在自身能力范围内，尽量选择更大的市场。

6大要点，准确定义市场

定义市场就是确定提供价值的对象。如果尚未确定该向谁提供价值，那么定义价值、创造价值以及传播价值等后续阶段就成了无源之水、无本之木。

提供价值的对象并非某个自然人，而是某个群体，定义市场时最先应该考虑的就是如何给这个群体归类。

要点 1，找准角度

谈到定义市场，大多数人都会首先想到"把哪一群体定位为目标群体"这个问题。目标群体可能是花季少女，可能是刚步入社会的年轻人，也可能是子女已经成家立业的中老年人。但是在进行上述分类的时候，人们不知不觉便采用了某种特殊分类方式：人口统计学中的性别、年龄分类法。这种分类方法确实常见于营销活动之中。

要点 2，不要被性别、年龄分类法束缚

除了性别、年龄分类法，还有很多群体分类方法，譬如按照地理属性（居住地区）、消费心理（兴趣爱好）等进行分类。

对一名营销人而言，第一步应该考虑的是怎样给群体分类，而不是把哪一个群体定位为目标群体。

请大家思考一下给学生分类的方法：可以按照性别分类，

也可以按照成绩、籍贯等分类。这些都是教务处常用的分类方法。不过，学生对彼此的看法并不取决于这些表面因素。学生们在对同学分类的时候，每个人都有着独一无二的分类标准，比如衣着打扮、音乐喜好、是不是校园风云人物，以及是否加入某个社团，等等。

营销人更像学生而非老师，在对对象进行分类的时候，要找到独特的角度，绝不能落入俗套。

要点3，开辟新方法

如果所有人都采用同样的角度对提供价值的对象分类，那么势必会有大量产品流向某些规模较大的群体，最终可能会导致这块蛋糕不够分。

举例来说，罐装咖啡的目标群体曾是男性上班族。显然，罐装咖啡的生产商在定义市场时运用的是性别、年龄分类法。随着竞争日趋激烈，商家又会自然而然地沿用这种分类法来寻找新的目标群体——或是女性，或是男性中的学生群体。可是，这些后续做法往往收效甚微，势必会使竞争更激烈，但如果要规避竞争，市场规模又会变小。

这时就需要开辟新的分类方法。例如，可以按照喝咖啡的场景来分类。早晨喝咖啡的人最多，那么就推出一种"早晨饮用最佳"的罐装咖啡。朝日饮料在制作旺达咖啡时就采取了这种极富新意的市场分类方法。

要点 4，提供新价值

> 当时我就想做一台能够打包好所有软件的电脑。我的目标消费者不是那些喜欢自己组装电脑的发烧友和自己购买变压器、键盘的人。我想在他们当中应该至少有 1 000 个人想要一台到手就能立即使用的机器。
>
> ——乔布斯

通过定义市场锁定了新的提供价值的对象之后，必然要研究可提供的新价值。事实上，这正是创新的出发点。

20 世纪 80 年代之前，电脑厂商的目标群体始终是电脑爱好者。然而，1984 年，苹果公司推出麦金塔电脑，选择面向更多的用户，让设计师和研发人员成为新的目标群体。堪称苹果产品代名词的美观外形、精心设计的字体，以及与电脑搭配销售的高质量软件都是应运而生的新价值。

1997 年，苹果公司创始人乔布斯重新掌舵，正式宣布以多种配色为卖点的 iMac 电脑以全新的面貌重出江湖。这个产品的目标群体是普通家庭。换言之，乔布斯将电脑定位为一种家用电器。而那个年代的人普遍认为电脑是技术人员的办公设备。iMac 的外观设计颠覆了人们对电脑的认知，它是一款具有划时代意义的产品。作为一台家用电器，它具备精益求精的设计和多彩配色是很正常的。当时,商场里到处都是设计精美、装饰性强的家用电器,即便是不起眼、不占地方的烤面包机也是如此。但是我们依然认为 iMac 具有划时代意义,因为它开创了将电脑定位为家用电器的新理念。

> マーケターの
> ように生きろ
> 营销人的
> 处世之道
>
> 从新角度对消费者进行分类,定义新市场,提供新价值,便能催生创新的萌芽。

要点5,找出竞争对手

> 寻根溯源,就意味着回顾1984年被定位为一体化家电产品的第一代麦金塔电脑。
>
> ——菲尔·席勒(Phil Schiller)

想要不受现有分类方式的制约,别具一格地定义市场,其实是有诀窍的,这个诀窍就是找出竞争对手。

假设你现在是一家饮料企业的产品研发负责人,即将生产一款新品罐装咖啡。那么,最先浮现在你脑海中的竞争对手应该是那些名牌罐装咖啡,其次是便利店的滴漏式咖啡,而DOUTOR等咖啡品牌店的滴漏式咖啡,则是外带咖啡领域的竞争对手。

我们继续找竞争对手，将目光转向星巴克的外带咖啡。除了滴漏式咖啡，"玛奇朵""星冰乐"等独创产品会不会也成为竞争对手呢？你们的消费者群体表面截然不同，但你与星巴克做的都是可外带的咖啡类饮料，因此消费者群体可能有重合之处。

接下来，我们分析一下购买星巴克咖啡的人追求的是什么样的价值。如果我们提供的价值与之相似，那么星巴克就是新的竞争对手。

如果一个人只是随便喝点东西，在便利店就能解决，何必专程跑去星巴克花掉一顿饭钱来买外带饮品呢？

因此，我们能够得出这样一个结论：星巴克提供的不单单是一杯饮品，而是人在小憩时的一份茶点，是一种独自享用茶点的感觉。如果罐装咖啡也能提供这种感觉，那么星巴克将会成为它的竞争对手。

按照这个思路，我们可以把自己的咖啡定位为"在工作闲暇时能够给人以茶点般享受的罐装咖啡"。

这个时候，我们已经不经意地开辟了一个对消费者进行分类的新角度。我们摆脱了性别、年龄的限制，开始用饮食偏好、饮食习惯来分类了。

在工作和学习之余独自享用茶点的人既有男性也有女性，既有年轻人也有老年人。只有跳脱人口统计学的桎梏，我们才能创造出新的分类方法。

不论是一个人开动脑筋，还是组织团队讨论，在找出竞争对手的过程中，最重要的一点是要进行"头脑风暴"，尽可能多地筛选出潜在的竞争对手。然后，我们要对相似的对手进行分类编组，排除不符合实际情况的，再围绕"对方追求的价值是什么""我们能否提供相同的价值"等问题进一步缩小竞争对手的范围。

如此一来，**当一位营销人找出新的竞争对手时，他也会相应找到新的市场。**

要点6，从5个角度评估市场前景

如果你是一家饮料企业的产品研发负责人，确定了自己的咖啡定位，那么脱离罐装咖啡市场，转而进军茶点市场，究竟是对是错？

我们可以从以下5个角度来评估市场前景：

- 市场规模：市场的大小
- 发展前景：市场每年的增幅（或降幅）
- 竞争环境：竞争对手的数量
- 关联性：自身能力的发挥度
- 与现有产业的协同增效作用：与自身其他活动的融合程度

市场规模

从市场规模的角度评价市场前景，就是要比较 A 市场和 B 市场哪个规模更大，哪个受众更多。**如果两个市场的其他条件完全相同，显然应该选择规模更大的市场**。通常，我们都会通过专业调查来估算市场规模，很多时候，我们在互联网上也能查到由国家、业内组织或智库公布的调查数据。如果大家在面对罐装咖啡市场和茶点市场进行选择时，能够在脑海中对比两个市场的规模大小，或是在网上简单地做一番调查，或许就能相对轻松地做出决定。

发展前景

部分市场虽然当下体量巨大，但可能在今后几年内萎缩极快，有些市场则相反。**在其他条件完全相同的情况下，毫无疑问应当选择发展前景更好的市场**。在经营那些回报周期较长的产品时就要慎重考虑市场前景。反之，如果选择经营快销品，就不必特别在意市场前景。

读到这里，读者可能会不自觉地提醒自己，分析市场时不能只看规模，还应该调查它的前景。但我们要提醒的恰恰是：不要被发展前景蒙蔽双眼而误判了市场规模。

很多时候，正在萎缩的市场的规模看上去会比实际规模小，而正在蓬勃发展的市场则会给人一种规模很大的错觉。2017 年日本总务省调查数据显示，传真机在日本普通家庭的普及率约为35%，甚至高于滚筒式洗衣机和洗碗机的普及率。这个数据可能让很多人出乎意料。在互联网浪潮的冲击下，传真机市场江河日下，因而给人一种用户基数小的感觉，但事实是它从未退出市场。

一定要提醒自己，我们对市场规模的认知存在着许多臆断和偏见，因此要尽可能地发掘事实真相、充分比较。

竞争环境

竞争对手当然是越少越好，然而现实中几乎不存在规模巨大、飞速增长且竞争不激烈的市场。

我曾听经营IT企业的熟人这样说过，越是经验老到的IT企业经营者，越会毫不犹豫地去做大众流行的项目。比如，当今手机游戏市场是热门市场，即便竞争对手林立，他们也会果断加入；那些资历较浅的IT经营者反而容易沉迷于无人问津的领域，陷入既没有竞争对手也没有客户的市场陷阱。

相较于在热门的市场中锦上添花，大家都更想要去冷门的市场中雪中送炭。可是如果能够帮助1 000个人，我们却偏偏要放弃他们，去帮助那仅有的一个人，岂不是得不偿失？

我们的目标是尽量满足更多人的需求，不论竞争多么激烈，只要市场规模足够大，消费者数量足够多，我们都应毅然决然地投身于竞争之中。

关联性

营销就是要从他人的角度出发，尽可能多地向他人提供价值，因而，自己具备强大的能力很重要。**在市场规模、发展前景和竞争环境等条件均完全一致的情况下，我们在一个能够充分发挥自身能力的市场中，可以满足更多人的需求，获得更多的回报。**而最终能够满足多少人的需求，取决于我们对上述几个角度进行综合考量后做出的选择。

或许在常人看来，汽车厂商生产电动汽车是再正常不过的一件事。但事实上，电机驱动的电动汽车和内燃机驱动的汽车，这两者的机械构造截然不同。迄今为止，日本具有代表性的汽车厂商马自达和世界知名汽车厂商丰田从未涉足纯电动汽车研发领域，这很可能就是他们经过综合考量所做出的决定。

工程师在研发汽车的时候必须控制汽油在发动机内部的爆炸情况，因此需要大量零部件，技术复杂程度是电动汽车不可比拟的。日本的汽车厂商以零部件装配见长，于是他们充分运用这种特长，潜心研发汽车和以汽车为基础的混合动力汽车。再考虑到当前电动汽车的市场刚刚兴起，前景尚不明朗，可以说日本汽车厂商的判断是非常理智的。

与现有产业的协同增效作用

协同增效作用，就是指能够取得1+1＞2效果的作用。

华特迪士尼公司就以协同增效的经营模式闻名。该公司业务涉及电影产业、主题公园、周边商品等。值得关注的是，这些业务之间存在相辅相成的关系。喜欢该公司电影的人会去购买电影的周边商品，还会去主题公园实地体验电影里的世界。这样一来，他们便会愈发沉浸在电影的世界中，接着去购买CD和DVD，并对下一部电影翘首以盼。就这样，电影产业的发展带动着周边商品的销售和主题公园的经营业务，后两者也反哺电影产业。

当你开辟新产业的时候，要考虑它与现有产业之间是否易于产生协同增效作用，这也是评价市场前景的一个重要角度。 如果加入新的市场能够创造 1+1＞2 的价值，那么这个市场就具备一个重要的加分项。

以上就是评估市场前景的 5 个角度。在实际工作中，想从 5 个角度都仔细考量一遍实在是太难了。事实上，大家无须一丝不苟地进行分析，只需带着这些角度看问题，冷静思考，就足以在选择市场时做出正确判断了。

マーケターのように生きろ 营销人的处世之道	要从市场规模、发展前景、竞争环境、关联性、与现有产业的协同增效作用这 5 个角度来评估市场前景。

在日常工作和生活中定义市场

> 我原本可以把多芬香皂定位成用来清洗男人的脏手的香皂,但我选择把它定位成供皮肤干燥的女人使用的沐浴香皂。
>
> ——大卫·奥格威(David Ogilvy)

我已经简要介绍了营销人选择市场时的思维方法,也掌握了其中的要点。接下来,我将介绍如何将这种思维方法应用到日常工作和生活中。

定义市场的思维方法原本是用于产品研发等部门的。对许多其他从业者来说,日常工作中的服务对象都早已明确。例如,高档汽车销售负责人的工作对象就是这类汽车的潜在买家——富裕阶层。

同样,公司的内部演讲、婚礼上的致辞等场景中的听众也都是预先确定好的,但人们依然需要对这些预先确定好的对象加以甄别。因为预先确定的对象的范围可能是模糊的(例如富裕阶层),有些时候甚至连清晰的定义都没有。此时,如果我们在行动开始前认真定义市场,那么成功的概率将大大增加。

事实上,即便服务对象已经确定,营销人每次进行广告策划的时候,仍然会重新定义市场。这一流程通常被称为目标定

位①或定位销售。这么做是因为服务对象的定义从一开始就不明确,但更多是因为以下这些情况:

- 没必要向这个产品的所有目标人群投放广告。从传播的角度来说,目标人群中的一部分人看到广告就足够了,人们会口口相传。
- 无法向这个产品的所有目标人群投放广告。媒体宣传预算有限,不能覆盖全员。

鉴于上述情况,要从一开始就定义广告的投放对象。

> **营销人的处世之道**
>
> 在日常工作和生活中要有意识地定义市场。

在演讲中定义市场

> 只有心灵才能洞察一切,肉眼看不见事物的本质。
>
> ——安托万·德·圣-埃克苏佩里

---

① 本书并非刻意使用"目标"一词。这个词语的本意指射击等运动中的靶标,但是带有一点自我本位和不尊重对方的意味,并不符合本书的思维方法。

定义市场的思维方法也可以用在面向新入职的应届毕业生发表演讲之类的场合。

演讲的听众虽然是预先确定好的，但没有必要把所有人都当作演讲对象。听众类型越多，演讲者就越难让所有人都满意。因此，我们要考虑怎样尽可能地满足大多数听众的需求，并有意识地划定演讲对象的范围。

演讲者在准备阶段要仔细思考如何给听众分类，不仅要像做人事档案一样从性别、国籍、专业等层面进行分类，还要从中发掘出新的分类角度。例如，可以根据对未来职业规划的看法，将新员工分为以下3种类型：

1. 希望尽快出人头地的事业型
2. 兼顾工作和生活的平衡型
3. 态度尚不明朗的观望型

请思考一下，在上述3种类型中，哪类员工人数最多？自己的演讲最能给哪类人带来振聋发聩的效果？

我会选择在准备演讲时，将观望型员工视为对象。因为目前这一类型人数更多，我也曾是其中一员，可以结合自己的亲身经历，让演讲更加生动。

经过这样一番思考，我从听众中选择了演讲对象，再去寻找这个类型的新员工，询问他们关注的问题，组织能让他们收获成长的演讲内容。如果能够做出让所有人都满意的演讲，那当然最好。但是这样的事情在有些时候无法实现，在有些时候则无须实现。我们只需按照上述流程进行准备，就可以尽己所能地帮助更多的人。

> マーケターの
> ように生きろ
> 营销人的
> 处世之道
>
> 即使对象已经预先确定，也要根据自身情况进一步定义对象。

在职业规划中定义市场

> 生活的目的不是快乐。生活是有用的，光荣的，富有同情心的。让你的生活与他人的生活有所不同、越来越好。
>
> ——爱默生

不论从事哪种工作，你都相当于一名产品负责人，你所负责的产品就是自己。

就职、跳槽以及公司内部升迁等现象的背后都有一个劳动力市场，市场上流转的人才就是劳动力产品。

一个人在工作中获得的报酬多少，取决于自己对他人有多大用处。泰勒·斯威夫特和 Lady Gaga 之所以能够赚得盆满钵满，是因为全世界的人都认为她们不可或缺。而日本的流行歌手之所以收入比她们少，是因为他们的服务对象限定在日本人中。二者的差别不在于音乐方面的才华和努力程度，而在于所选择的市场规模。

对想要加薪的人来说，打磨工作技能、埋头实干提升业绩，自然是有益之举，但是正确地选择市场才是重中之重。如今，日本的足球、棒球选手只要能够走出国门，在世界赛场中立足，他们的年薪就会暴涨，即使他们的实力、天赋并未提升。一个鉴定鹦鹉螺化石的人，哪怕他的技术和成就冠绝整个日本，收入也赶不上数据科学家。或许这个例子有些极端，但是类似的事情每天都在劳动力市场发生。如果想提高年收入，那么你需要在打磨技巧、埋头实干之前先调整自己的市场定义。

我们常常听到这种话：因为薪资标准是行业规定的，所以只有改变整个行业才能大幅提高年薪。然而，选择行业或职业只不过是定义市场的角度之一。

调整自己的市场定义不只有跳槽这一条路，还可以转变自己的观念。一个人即使不跳槽或不调动岗位，也能调整自己的市场定义。

例如，甲和乙同为人才派遣行业的业务经理，甲的目标可能是成为人才派遣业务专家，而乙的目标可能是成为业务组织架构专家。两人视角不同，要学习的知识和要提升的技能也有所差别，进而对学习、工作内容的选择也会有差异。在未来担任业务经理的几年间，甲磨炼人才派遣业务技能，积累工作成绩；乙则成立内部销售团队，积累业务组织架构方面的经验。长此以往，二者的市场价值就会迥然不同。

跳槽确实是利用市场定义来提升知识技能的一种手段，但跳槽是对一个人某一时刻的技能水平进行评价，而公司内部的人才培养则会考虑人的潜力。基于当前的工作和环境来调整自己的市场定义，是极具优势的一种做法。

提升市场价值（年薪）本身不是目的。像营销人一样生活的目的在于从他人的角度出发，充分施展个人能力，尽可能地满足更多人的需求。在此我想再次强调，报酬与贡献成正比，但报酬只是贡献的副产品。

| マーケターのように生きろ
营销人的处世之道 | 定义市场时，最先需要考虑的是在哪里出售"自己"这件商品。 |

像首席营销官一样思考

● **商业活动**

根据你的岗位重新定义你所在的公司投入产品和服务的市场。

● **职业规划**

尽可能多地列举出能够让你"自己"这个产品得以出售的市场。

● **个人生活**

假设你是一名 YouTube 博主，思考一下，你最想向哪个群体提供价值。

マーケターの
ように生きろ

第 4 章

步骤二，定义价值，
了解"对方真正想要什么"

我们的价值不是由自己定义的，
而是在他人需求中发掘的。

价值定义是营销的核心

> 如果一个人做一件事是为了社会、为了他人,进而为了自己,那么他必定会取得成功。
>
> ——松下幸之助

一个人越能满足他人的需求,存在的价值就越大,收获的回报也越多。本章将研究怎样满足他人的需求。

假设你想当一名 YouTube 博主,那么,你首先要考虑你的目标群体是哪些人,然后再运用定义市场的思维方法,尽可能多地拓展目标群体。最终,你决定把"以看 YouTube 为乐的群体"定为对象,针对他们制作"反应视频"。

所谓的反应视频是指博主拍摄的自己观看热门视频或演出时表现出来的夸张的神态或反应的视频。反应视频是 YouTube 视频类型之一。这类娱乐视频题材广泛,拍摄门槛较低。

那么,这些以看 YouTube 为乐的人究竟想要在娱乐视频中获得什么价值呢？他们只是在闲暇之余打发时间，还是真的沉浸在网络世界中不可自拔？观众从娱乐视频中获得的价值是因人而异的，我们要从中找到目标群体的共同需求。这便是定义价值的含义。

营销活动中的价值，指的是他人能够感知到的价值。**定义价值的过程就是倾听他人声音的过程。**

倾听他人声音的本质是了解他人的需求。这里的需求也包括那些他人没有意识到的，或是意识到了但难以言表的需求。

定义价值要走在产品和服务前面

我们可以通过用手机拍摄、用电脑剪辑的方式轻松制作出 YouTube 视频，尝试性地上传几个作品，然后倾听观众的声音（分析观看数据），进而确定后续视频内容的方向。但是，这种定义价值的方法并不具备普适性，比如它就不适用于汽车生产领域。我们不可能先尝试性地制造一款汽车，再试探市场反应，看车能不能卖出去。

当今，定义价值的技巧已相当完善，企业会利用它们在提供产品和服务之前倾听消费者的声音。

如果价值定义出现问题，即使是制作便于调整的 YouTube 视频，后续的调整工作也会大费周章。如果一个人职业规划不清晰，耗费数年时间，结果学到的全都是市场不需要的经验和技术，那么再想调整方向，更是难上加难。

定义了错误的价值，很可能意味着之后的一切努力都徒劳无功。要想避免这种事情发生，关键在于事先认真倾听他人的声音。

> マーケターの
> ように生きろ
> **营销人的
> 处世之道**　　**确定目标人群之后，要了解他们的需求。**

定义价值需要知识和技巧

了解他人的需求，说起来容易，做起来难。

想象一下医生问诊的过程。来医院看病的患者病情各不相同，患者自己又不清楚，因此才会来医院求医问药。

比如，一名患者头痛欲裂，他自己不知道病因，于是需要医生对他进行诊察。诊察是一种医疗行为，要求医生具备专业知识和对话技巧，不是人人都能做的。

在专业知识方面，医生要系统地把握患者的病情，针对头痛的原因提出各种假设，再根据每种假设提出恰当的治疗方法。我曾作为患者近距离观察过医生，从中感受到问诊也是有技巧的。"头是怎么个疼法？是一抽一抽地疼，还是像被勒住那样疼？"医生通过描述具体症状来缩小病因的范围，这便是对话技巧。

对医生而言，他需要了解患者自己都不了解的病情，因此不能单纯依靠语言交流。触诊、做检查等都是医生与患者对话的重要方式。

营销人了解他人的过程与医生问诊的过程十分相似。许多人常常并不清楚自己究竟想要什么，有些时候甚至都意识不到自己有需求。在这种情况下，我们要运用与价值相关的知识和对话技巧来明确他们的需求。这便是定义价值的过程。

マーケターのように生きろ 营销人的处世之道	通过运用与价值相关的知识和对话技巧，可以明确他人的需求。

价值定义决定成败

营销中各个阶段的先后次序十分重要。定义价值要排在创造价值和传播价值的前面。下面我们借助一则商业案例详细分析一下这一次序的必要性。

魔爪和红牛两个品牌领衔的能量饮料市场正在飞速发展。反观日本的营养保健饮品市场，规模则是逐年萎缩。我认为这背后体现的是二者在价值定义上的差别。

魔爪和红牛采用时尚的包装,并与运动员、音乐人开展合作,以此创造出情感性价值。而营养保健饮品关注的重点一直都是抗疲劳之类的实际功效,并且通过不透光的深色瓶子和制药企业的品牌标识来彰显品质,突显的是功能性价值。

如果消费者购买这类饮品的目的是情感性价值而非功能性价值,那么由于日本的营养保健饮品厂商在定义价值阶段出现问题,他们无论在后续的创造价值、传播价值等营销阶段再怎么费尽心血,也无济于事。由此可见,定义价值无疑是营销的核心。

| マーケターのように生きろ 营销人的处世之道 | 一旦定义了错误的价值,一切都将无可挽回。 |

定义价值的思维与技巧

我在前文曾多次用矿泉水产品举例。对营销人而言,矿泉水是一个有趣的研究对象。不同矿泉水产品的成分几乎一样,但是消费者各有偏爱,产品价格也千差万别。这究竟是为什呢？下面我们就从营销的角度剖析一下背后原因。

假设我成立了一家饮料厂，开始销售一款名叫"山之水"的瓶装矿泉水。水源地在南阿尔卑斯山，工厂的卫生条件无可挑剔。就算山之水的定价与同是矿泉水的富维克相同，恐怕也很少有人会买山之水。哪怕山之水售价略低一些，大部分人也还是会选择购买富维克，因为二者存在着明显的价值差异。

这两种水在成分上或许存在微小的区别，但都是矿泉水，口感上很难喝出差别。那么，这种价值差异从何而来呢？

接下来，我要介绍一个架构，以便更好地分析两种矿泉水的价值差异。

用价值四象限给价值分类

架构就是抽象化的事例。而所谓的抽象化，就是对事物共同点的提取过程。在语言学中，分析语言的使用方法，寻找不同说法的共同之处并确定它们的定义，就是运用了抽象化的方法。如果我们能够抽象出一个词语的含义，并给它下定义，那么就意味着我们已经了解了它的本质，进而可以熟练地使用这个词语。对营销架构的抽象化与此类似。

价值是本书的重要主题，而架构就是从有关价值的事例中抽象而来的，也就是通过抽取、整理众多有关价值的事例的共同点，了解价值的本质，进而自主创造新的价值。

如图 4-1 所示，我将这种架构称为"价值四象限"。接下来，我将以富维克和山之水的差异为例，分别说明 4 种不同价值的含义。

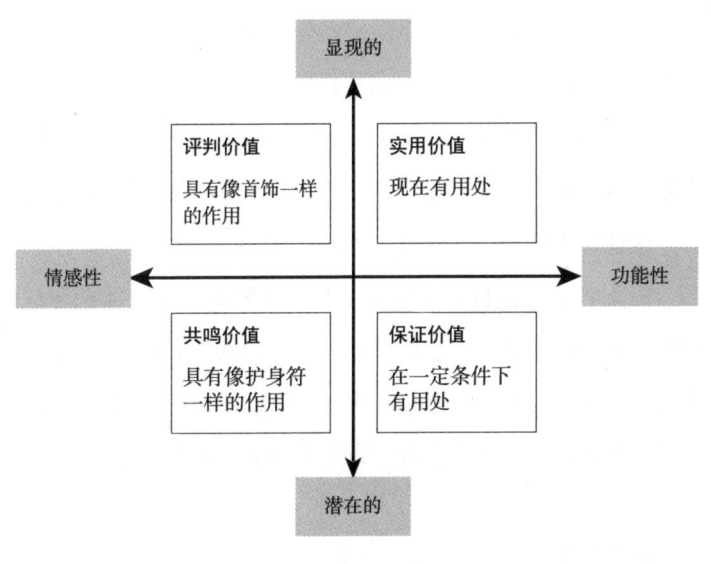

```
                    显现的
                      ↑
        ┌─────────┐   │   ┌─────────┐
        │ 评判价值 │   │   │ 实用价值 │
        │ 具有像首饰一样│   │ 现在有用处 │
        │ 的作用   │   │   │         │
        └─────────┘   │   └─────────┘
                      │
  情感性 ←─────────────┼─────────────→ 功能性
                      │
        ┌─────────┐   │   ┌─────────┐
        │ 共鸣价值 │   │   │ 保证价值 │
        │ 具有像护身符│   │ 在一定条件下│
        │ 一样的作用│   │   │ 有用处   │
        └─────────┘   │   └─────────┘
                      ↓
                    潜在的
```

图 4-1　价值四象限

实用价值

实用价值是一种显现的功能性价值。 你可以把功能性理解为有用处。显现的指的是看得到的、毋庸置疑的。以矿泉水为例，它的首要用处是解渴，其次还包括口感如何、是否利尿等具体用处，这些都是实用价值。在实用价值方面，富维克与山之水别无二致。

保证价值

保证价值是一种潜在的功能性价值。 潜在的指的是看不到,但确实存在的价值。具备潜在的功能性,就是指某些价值虽然目前看不到,但是一旦满足某些条件,便能够立即显现出具体用处。以矿泉水为例,水质好就是一种保证价值。

大厂商的产品品质有保证,哪怕出现质量问题,售后服务也更可靠。食品、饮料是要入口的,多几道防线会让人更加放心,这便是人们追求的保证价值。

日本老字号饮料巨头麒麟生产的矿泉水多年来畅销全球,具有强大的保证价值。反观籍籍无名、初来乍到的山之水矿泉水,它毫无保证价值(在现实中,这类保证价值低的产品并不是完全卖不出去,零售企业可以逐步培养消费者的信任感)。

评判价值

评判价值是一种显现的情感性价值。 情感性,是指虽然没有功用,但对消费者而言有意义。

一辆奔驰和一辆日系车的驾驶性能参数完全一致,价格却天差地别。买一件普拉达T恤衫所花的钱足以买一百件大卖场中的T恤衫,而二者具备同样出色的舒适度与质地。但为什么还是有这么多人对奔驰和普拉达趋之若鹜呢?这是因为对消费者来说,奔驰和普拉达具有超越功能性的意义。情感性价值所具备的意义会对人与人之间的关系产生影响。比如,开奔驰的人会成为路人眼中的有钱人。在路上，奔驰周围的车主总会更加小心，以免刮擦。我们在人与人的关系之中可以明确感受到这种超越功能性的价值。这便是评判价值。

"潮男潮女"在健身房挥汗如雨之后畅饮一瓶富维克。这个场面堪比一幅名画。这种特意带一瓶在健身房买不到的富维克矿泉水的行为，势必会让旁人高看一眼："你看人家，只喝这种大牌子的水。"

如果把富维克换成山之水，结果又将如何呢？一定会有人评判："不知道从什么地方买的杂牌矿泉水，居然还专门带到健身房来了。"带山之水反而会影响自己在别人眼中的形象。

可见，具有评判价值的产品能够像首饰一样发挥出某种影响力。当某种产品的用户在使用它时能像戴了一副首饰一样，那么这个产品的品牌便具备了评判价值。

共鸣价值

> 乔布斯是唯一一个在科技行业创造出生活品牌的人。很多汽车，例如保时捷、法拉利、普锐斯，让人单纯拥有它们就会感到骄傲，因为座驾是一个人品味的折射。而在用户心中，苹果的产品也是如此。
>
> ——拉里·埃里森（Larry Ellison）

共鸣价值是一种潜在的情感性价值，与评判价值一样具有超越功能性的意义。它与评判价值的区别在于这种价值只会影响消费者自己，而不会影响他们与外界的关系。

如果将评判价值比作首饰，那么共鸣价值就相当于护身符。 具有共鸣价值的产品，能够给予消费者如同护身符一般的意义。

耐克是具有高共鸣价值的代表性品牌。这家公司始终支持着一些"疯狂"的运动员，比如被称为"坏小子"的网球运动员约翰·麦肯罗（John McEnroe）和以私生活放浪不羁闻名的 NBA 球星丹尼斯·罗德曼（Dennis Rodman）。美国国家橄榄球联盟（NFL）球星科林·卡佩尼克（Colin Kaepernik）为抗议种族歧视而拒绝在升国旗时起立，在美国社会引起轩然大波。他曾在耐克的一则主题为"疯狂梦想"的广告片中担任主演并配音。近年，这位运动员甚至遭到了美国总统特朗普的批评，几乎退出了 NFL 赛场，但耐克始终在背后支持着他。

那些自己也想疯狂一把的粉丝从耐克的这些举动中感受到了共鸣，备受鼓舞。对这些粉丝来说，耐克的商标就如同自己的护身符。

像耐克、苹果这些具有高共鸣价值的品牌往往也具有很高的评判价值。反之则不然，具有高评判价值的品牌未必具有高共鸣价值。譬如，很少有人因为自己从普拉达的发展史中感到了共鸣才去买这个牌子的包。而在那些喜爱香奈儿包的人当中，也没有几个会去热烈探讨该品牌创始人加布里埃·香奈儿（Gabrielle Chanel）的时尚哲学。对于不了解这些品牌的消费者而言，普拉达和香奈儿只不过是一个品牌，绝不会成为护身符。

富维克是法国矿泉水品牌。对那些认同法国价值观、喜爱法国文化的人来说，饮用富维克能够获得一种精神上的满足感。在富维克外包装上的"From France"（来自法国）的字样旁边，还有一面法国的三色旗，这蕴含着产品的共鸣价值。显然，山之水无法带来这种满足感。

综上所述，富维克与山之水虽然在实用价值方面相差无几，但是在保证价值、评判价值和共鸣价值这 3 个方面有着天壤之别。这些差距导致了两个品牌产品的价格差。

有的消费者将这种价格差称为"品牌税"。然而，品牌所包含的保证价值、评判价值和共鸣价值已经得到了明确印证，只是这些价值不是实用价值，有时会被消费者忽视。

| マーケターのように生きろ 营销人的处世之道 | 价值包括实用价值、保证价值、评判价值和共鸣价值 4 种价值。 |

决定自己要提供哪种价值

价值虽然有 4 个种类，但是并非所有产品都必须同时具备这 4 种价值。比如，没有人会去发掘胶棒或工业螺丝的评判价值和共鸣价值。

那么，我们的产品究竟需要具备哪几类价值呢？假设需要共鸣价值，那么我们紧接着又会遇到一个新问题，那就是具体需要哪种共鸣价值。要解答这些问题，就要定义价值，了解消费者所需要的价值。

定义价值强调的是要在创造价值之前先决定价值的内容。然而，**价值不是由我们决定的，而是我们从目标群体身上发掘出来的。**

主动寻找倾听消费者声音的机会

> 新时代的领导者，需要怀着谦卑的心态为他人着想，了解每个人做事的动力源。我们需要认识到，只有成全他人，才能成就自己。
>
> ——约玛·奥利拉（Jorma Ollila）

直接倾听消费者的声音，是了解消费者所需要的价值最有效的方法。但其实这个方法践行起来并不容易。比如，即使是每天都接触消费者的服装销售，也很难有机会询问消费者为什么会走进这家店，以及购买某件衣服的深层原因。在营销部门，我们面对的人未必是产品的使用者，有时是零售商，有时则是采购部门的负责人。因此，不论产品最终的销售对象是个人还是企业，营销部门面对的往往是中间商。直接倾听消费者声音的机会不会从天而降,我们必须主动作为,寻找机会。

走访调查消费者买或不买某产品的原因

> 如果没有专业调查公司可用,那么我们可以亲自去找六七个家庭主妇做调查。有时候,这种调查方式可能比自己没有参与的专业调查更有效。
>
> ——奥格威

营销人应该想方设法直接倾听消费者的声音。

一提起调查,大多数人会想到问卷调查。实际上,走访调查也是一种常见的调查方式。通过调查,我们可以探寻到消费者买或不买某件产品的原因,而这件产品的价值就隐藏在这些原因背后。

假设我们针对一些时尚度较高的男士研发了一款便于做造型的洗发水,对于这款洗发水,消费者表示"买过,但已经不用了",原因是"用来做造型确实不错,但是定型剂很难洗掉"。"买过,但已经不用了"对我们来说就是一个关键信息,它既包含了买的原因,也解释了不买的原因。于是,我们可以提出这样的假设:时尚度较高的男士不仅追求洗发水的造型效果,而且注重定型剂便于清洗这种功能性价值。

其实,了解消费者对功能性价值的需求并不难,难的是了解消费者的情感性价值。

在调查摩托车发烧友时,有的发烧友表示"没骑过哈雷摩托就是白活了"。可见对这个人来说，哈雷摩托就是某种护身符。他在哈雷摩托这种产品上感受到了共鸣价值。但是，这位摩托车发烧友绝对不会自己开口说"我把摩托车看作人生的护身符"或"我追求的是摩托车的共鸣价值"。

由于我们已经在前文了解过"价值四象限"，所以我们能够做出这些分析。而不了解这一架构的人在听到摩托车发烧友的表态后，只能感慨一番："啊，这个人是真的热爱哈雷摩托！"

走访调查的好处在于，即使没有得到直接的回答，我们也能从对方的语气、神态或动作中捕捉到很多信息。我们还可以随时追问对方，从而验证假设。

做调查未必要找专业的调查公司。如果发现了易于接触的客户或潜在客户，可以带上一份小礼物随时登门拜访。

用定量数据验证定性假设

这些通过调查收集来的意见终究都带有主观色彩，不能代表所有消费者。采访发掘出来的价值可能对某个人而言是真实情况，但对群体而言依然是一种假设。而营销的对象不是某个人，而是某个群体。

这种通过采访得到的数据被称为定性数据，是一种质量很高但数量偏少的数据。**通过定性数据得到的假设需要用数量庞大的定量数据进行验证。**

在实际的营销工作中，如果需要获取定量数据，可以委托调查公司进行问卷调查，也可以使用其他方法，比如：

- 对使用邮件订阅公司线上杂志的会员进行问卷调查。
- 利用网上免费的问卷编辑工具制作问卷，并在网站上发布。
- 在社交网站上进行问卷调查，并通过熟人转发的方式扩大调查范围。

利用上述方法，我们就能够用定量数据来验证通过定性数据建立的假设。

前文谈到，如果要了解他人所需要的价值，就要具备知识和对话技巧。对营销人而言，价值四象限等营销架构就是知识，各项调查就是对话技巧。我们可以通过这些知识和对话技巧，把握他人需求，让自己的工作和生活更上一层楼。

マーケターのように生きろ 营销人的处世之道	用走访调查的方式提出关于消费者的需求的假设，用问卷调查的方式来验证假设。

在日常工作和生活中定义价值

用价值四象限了解自己

"凭什么那种成天打高尔夫或攒酒局的人能当上部长？明明定计划、跑业务的都是我和同事。"不知道读者是否有过类似的烦恼。我以前经常像这样发火，但是这种愤怒不知不觉地就消失了。我想可能是因为我逐渐学会了从营销的视角来看待问题，明白了一个道理：**一个人在职场中的价值是多种多样的。**

营销人的 3 种类型

我曾经多次跳槽，由于每次跳槽后依然在做广告投资方面的工作，所以在社交平台上发布跳槽的信息时，都会收到一些之前与我有广告业务来往的负责人的私信。私信内容大致可以分为以下 3 类。

第一类是"烦请介绍继任者"。在对方看来，好不容易建立起合作关系的重要客户流失了，这是一个巨大的打击。有些项目甚至是对方举公司之力不断协调推进的，只为能够顺利做成这单生意。站在对方的立场上来说，他们这样表达诉求是合情合理的。

第二类是"不论您在哪里高就，今后还望继续合作"。这话让人十分感动，我听完不禁为自己从事营销工作而感到庆幸。这种类型的人往往不忘说一句"待您安顿下来，看您什么时候方便，我再去拜访您"，很自然地把话题转移到业务上。

第三类是直接向我致以慰问："不论如何，合作了这么长时间，您辛苦了！不如举办一次庆功会，一起回忆一下往事吧。"在跳槽时，我对前公司的不舍往往多于面对新机遇的兴奋。我会迎合这种情绪，把以后的事情暂且放在一边，先来犒劳自己，和第三类人一起重温过往。他们的这份牵挂让人难以忘怀。

下面我们从各个类型的营销人所在公司的角度来分析他们的价值。

第一类是一旦抓住消费者就绝不会轻易放手的进取型营销人。 那些在工作中掺杂个人情绪，或者是满嘴漂亮话，结果却不堪大用的营销人，都不可能顺顺利利地获得出彩的成果。虽然从对营销基本工作（销售签约）认真负责的角度而言，这类人能给公司带来可观的实用价值。

不过，由于这类进取型营销人容易对数据锱铢必较，为达目的不择手段，所以不排除他们会有误入歧途的可能性。他们积极的态度有时反生祸患。而在注重令行禁止的行业，风险性低、保证价值高的营销人就显得格外可贵。

第二类是能够用保证价值为公司做贡献的营销人，他们在取得工作成绩的同时可以避免风险。对于中层领导岗位而言，第二类营销人平稳运营公司的能力是一项备受重视的基本素养。

第三类营销人看重的是超越公司范畴的私人关系。 他们的做法可能是个人信条的体现，也可能是某种企业文化的具体表现。而要展现这种信条或文化，就需要他们发挥感受能力和共鸣能力。如果他们的做法是一种企业文化的体现，那么这类人才可以作为公司门面，为公司带来评判价值，再通过展现企业文化，发挥共鸣价值。事实上，根据我的经历，第三类营销人所在的公司往往能够在我跳槽之后依然与我保持长期往来。这种评判价值和共鸣价值虽然在短时间内难以用数据衡量，但无疑会为企业带来非凡的贡献。

如果一个人能够恰如其分地发挥这些价值，那么他自然会成为伟人。

美国第四十任总统罗纳德·里根（Ronald Reagan）就是一个同时具备4种价值的代表人物。里根总统在任内推行的经济政策让美国实现了经济复苏（实用价值）。

他在遭遇枪击之后，子弹留在了体内，而他在这种情况下依然确保政府正常运转，并推动日渐激化的冷战走向终结。他的身上体现出一种面对危机坚韧不拔的非凡品质（保证价值）。

他像好莱坞演员一般举止优雅，在当播音员时练就了出色的口才。他的魅力不仅深入美国民众的内心，而且打动了世界各国的许多人（评判价值）。

他为了彰显美国的自由主义理念，与危险进行坚决抗争。即便是在中枪被送往医院、生死未卜的时候，他还在与医护人员开玩笑。这种举重若轻的幽默感也成了美国价值观的象征，得到了美国国民的认同（共鸣价值）。

里根的这些价值获得了人们的认可。他在当时是美国历史上最年长的总统，在结束两届任期离开白宫之前，始终保持很高的支持率。我还在上学的时候，他刚刚卸任不久，那时他的功绩就已经被印在了我的历史课本上。

人才价值具有多样性

如果能像里根总统那样高水平地创造出4种价值，那么我们也会成为国家或企业中的传奇领袖。我们可以以他为榜样，向这个方向努力。

不过，在历届美国总统中，能够以高水平创出4种价值的杰出人才也只有屈指可数的几位。在国家和地方领导人中，有不少人在评判价值和共鸣价值方面得到认可，而实用价值和保证价值则由手下人代为落实。不论是在政府还是企业中，我们经常看到一把手和二把手分工合作。其中，一把手负责谋划未来，大胆提出构想；二把手负责夯实基础，处理眼前的工作。

当然，有些人虽然没有傲人的背景和华丽的外表，也没有长远的规划，但依旧可以凭借过人的业务能力坐上领导位置。

一个人的人才价值绝不是单一的，而是多样的。

有时，我们能够认可自己买来的产品价值具有多样性，却不善于认可自身价值的多样性。我们一边收集着没有任何实际用处却对自己而言意义重大的收藏品，一边又因为自己无法在工作中为达目的不择手段、无法发挥实用价值而自责，甚至开始变成极端的唯数据论者，以此标榜自己的价值，并对其他价值嗤之以鼻。

人才价值不等于实用价值

> 在判断一个人的时候，我会根据他自己的主义和主张来判断，而不是根据我自己的主义和主张。
>
> ——马丁·路德·金

实力主义和成果主义在某种层面上是一种"诅咒"。我们虽然不应把无法创造价值的人捧上高位，但是人的价值并不只有实用价值这一种，我们也应当看到他们的其他价值。保证价值和共鸣价值也都十分可贵。

日本泡沫经济崩溃之后，昭和时代的人力体系迎来了变革，曾经唯成果论的日本企业如今已幡然醒悟，正在着手改进。对符合企业价值观的行为和态度进行的价值评价，就是其中一项典型举措。日本的职场环境开始形成包容多样性价值的土壤（尽管很多个人价值观尚未得到认可）。

如同大家认可自己购买的产品具备多样性价值，企业也开始认可人才的多样性价值。或许，仍未摆脱"人才价值等同于实用价值"这个"诅咒"的并非企业，而是我们自己。

企业对实用价值以外的其他价值的评价标准大多不明确。但是，当你疑惑为什么企业对某人评价非常高的时候，也许是因为你自己只用实用价值这一个标准来衡量同事和上司。

即使一个追求销售额的营销人，能够在短时间内积极主动地取得漂亮的账面业绩，我们也不能仅以此论断他对企业的贡献很大。你所在的企业或许除了实用价值，对其他价值同样有评价标准。当你把视线投向其他的价值，你可能立刻就能发现某个人获得高评价的原因。那个整天不干活，就知道攒酒局的上司，说不定就是那个发消息对我说"不论如何，你辛苦了"的人。

我们运用价值四象限去了解的第一个对象，其实应该是自己。 当我们具备了多样性的眼光，就可以用更加开阔的视野来审视自身的价值，进而不断提升自身的价值。

如果我们在考虑跳槽的时候，能够找到认可多样性价值的企业，那么自己曾经像羊肠小道一样的职业道路也会变成康庄大道。

マーケターのように生きろ
营销人的处世之道

运用价值四象限，从多个角度评价自己和同事的人才价值。

在沟通中运用价值架构

我们所掌握的关于定义价值的知识，不仅能够用于规划自己的职业道路，还能用于职场和家庭中的日常沟通交流。

假设你是一位青年商务人士，强项是做数据分析，但不太擅长领导团队。最近，你被提拔为一个覆盖全公司业务的重要项目的负责人。请看两位上司的嘱咐：

> 上司1：这个项目极为重要，关乎公司未来10年的发展，也是重要的评价标准。要负责这个项目，你不仅需要有分析能力，还要具备领导力，这也是你未来发展不可或缺的。
>
> 上司2：数据分析是这个项目的核心。在分析方面，没有人能与你相提并论，你是无可替代的。拜托你了，请你助公司一臂之力。管理团队可能是一件辛苦事，不过对你来说是小菜一碟。

你觉得哪位上司的话更有力度？我会选择上司2。

我在管理岗位的培训会上常常引用这个例子，问大家觉得哪位上司的话更有力度，绝大多数人都会选择上司2。根据我个人统计，理性思维能力越强的人，越倾向于选择上司2。

那么，这些被上司2的话打动的人，是不是被情绪左右而失去了理智呢？当然不是。我们从上司2的话中虽然看不出功能性价值，但是能够发现其他价值。

上司1强调的是评价、发展等功能性价值。上司2表达的是情感性价值。

"在分析能力方面，没有人能与你相提并论"，我们可以把这句话看作参加项目所附带的评判价值。"拜托你了，请你助公司一臂之力"，这种受人之托、被人需要的感觉对大多数人而言意味着自身价值得到肯定。这正是共鸣价值的体现。

上司2既不是因为你恰好近在眼前，为了方便，就跑来利用你，也不是因为走投无路才来依附你，而是万里挑一地选择请你帮忙，那么你自然会爽快答应并出手相助。上司2就是在牢牢抓住这一点的基础上，把这个领导岗位委托给了你。

当然，评价关乎升职加薪，也非常重要。给予员工必要且公平的报酬是让人们保持工作积极性的大前提。但是，一年当中能够用升职加薪来回馈员工的机会屈指可数，公司每次提供的升职机会又很难让所有人满意。当然，个人的成长进步也是工作带来的一笔巨大的报酬，虽然这种成长的机会还不如升职来得多。因此，**职场日常沟通交流中的基础性报酬不能是这些功能性价值，而应该是情感性价值。**

了解价值架构，就能发现潜藏在对方心灵深处的价值。虽然上文介绍的是一个体现上下级关系的例子，但这也适用于所有人际关系。将有关这一架构的知识有意识地运用在日常交流当中，能够让自己的沟通更为出彩。

> **营销人的处世之道** 要有意识地把价值架构运用在各种沟通交流中。

通过闲谈打探他人看重的价值

想要在沟通交流中为他人提供情感性价值，必须首先掌握价值四象限。此外，我们还要有能力通过询问打探出他人最看重的价值。我并非从一开始就是一个专业的营销人，但我长期从事广告投资方面的工作，所以接触营销人的机会也比一般人多。经过仔细观察，我发现优秀的营销人都有一个共同点——重视闲谈。

闲谈就是营销调查

> 只有自己完全放松，嘉宾才能完全放松。最好的采访就是这样产生的。
>
> ——拉里·金（Larry King）

营销人的闲谈当然不是漫无边际的闲聊，他们会在闲谈中不动声色地打探消费者的需求。

大部分情况下，人们都无法准确地表达自己的需求，甚至不知道自己有什么需求。有时候，即便他们察觉到了自己的需求，并且能够准确表达，也不想直截了当地说出口。

采访消费者是进行营销调查的手段之一，营销人在采访时可以充分发挥沟通交流能力，从消费者的语气、动作、神态等方面来捕捉关键信息。不过，采取这种手段的一个重要前提是消费者处于放松状态。

人们在身心放松时更容易吐露心声，因此消费类企业才会经常对消费者进行走访。营销人登门拜访消费者的做法与礼节无关，只是为了让消费者身心放松。闲谈就是让消费者进一步放松下来的秘诀，闲谈的本质是一种消费者采访。

一名优秀的营销人，不仅要熟悉价值四象限，还要以这些知识为基础，运用高超的对话技巧打探出消费者看重的价值。要想掌握技巧，只能日复一日地实践。进行消费者采访就是在做这种实践。明天上班时，大家就可以在与客户、上司、下属以及其他部门的同事闲谈时，尽情地把这种闲谈转变为采访消费者的实践。

把闲谈看作消费者采访

和一个人谈论他自己，他会听上好几个小时。

——本杰明·迪斯雷利（Benjamin Disraeli）

图书促销时，出版社常常会在报纸上投放"豆腐块"广告。这种广告刊登在报纸版面下方的 3 段①，这部分版面会再横向平均分为 8 块，每块刊登一则广告，版面大小和七夕期间挂在竹子上的许愿笺相似。这种广告一度效果显著，据说有段时间，各大出版社竞相投放。但如今报纸自身的发行量持续下滑，这种广告的效果也随之下降。我之前出版的图书的负责人曾半开玩笑地对我说："实话实说，这种广告效果很差，真的和七夕许愿笺差不多了。"

  我们原本就无法准确评估报纸广告的效果，只能大致推测。反观数字广告，价格更加便宜，内容更加精细，而且可以直观地呈现广告效果。因此，我以一个营销人而非作者的身份向他推荐了数字广告，但是始终没有得到认可。

  有一天，兴致使然，我想要扮演数字广告的营销者，模拟数字广告的营销活动，借此了解一下数字广告不如"豆腐块"广告的地方，探究人们购买"豆腐块"广告而不买数字广告的原因。从实用价值的层面来说，数字广告的优势一目了然，因此我认为背后原因必然是难以言表的其他价值。这时候就需要用到闲谈的技巧了。

  做消费者采访的基本要求是做一个倾听者，让消费者心情愉悦地自我表达。如果采访者自己滔滔不绝，那简直是荒唐透顶。采访者应该向消费者表现出自己听得饶有兴致，要用表情

---

① 日本报纸版面纵向共为 15 段。——译者注

和语气告诉消费者，自己从对方的话语中受益匪浅。我们在闲谈中同样可以使用这种技巧。

"您一共制作多少则'豆腐块'广告了？"

"太厉害了。您觉得做得最好的是哪一则？"

运用这样的谈话技巧，吸引对方讲述自己的"光辉岁月"和"传奇经历"。就这样一边闲聊，一边探寻这位负责人究竟看重'豆腐块'广告的哪种价值，以及他为什么会对数字广告感到担忧。

通过闲谈，我了解到了下面这些情况。

这位负责人对数字广告抱有担忧。数字广告有一个难以解决的弊端，那就是投放者不确定它会出现在什么地方。说得极端一点，它甚至有可能出现在色情网站和涉嫌违法犯罪的网站中。这样一来，这本书、书的作者以及出版社的风评都会受到损害。与此相反，报纸是风险性最低的媒体，具有独一无二的保证价值。对以声誉立足的出版社来说，这一价值无疑极其重要。

此外，数字广告的刊登时间不确定，导致负责人和作者都无法确认广告是否发布成功。即使负责人汇报说"广告已经在××网站上发出来了"，也无法让相关人员提起兴致。"我的书在××网站上登了广告"不足以让作者骄傲地在社交网站上向亲朋好友宣传。由此可见，在权威报纸上刊登广告，对负责人和作者而言都有重要的意义。这就是评判价值和共鸣价值的体现。

其实，对于"豆腐块"广告的优点，负责人也有所察觉，只是他无法通过语言来描述其价值。因此他才会一边自嘲说"豆腐块"广告和七夕许愿笺差不多，一边又不肯放弃它。看来，总结消费者看重的价值，少不了闲谈这个强有力的武器。

如果我是数字广告的运营负责人，我会马上把这个发现反馈给广告产品的开发负责人，建议今后仅在风险小又具权威性的网站发布广告，而且广告一经发布就能自动截图发送给负责人。如果能够研发出这种数字广告的新投放模式，相信这位负责人就能够接受数字广告，其他出版社的业务也会纷至沓来。

在工作和生活中反复实践之后，你就会发现，了解他人所需要的价值其实就是了解人心。但是，没有人能够参透别人的内心。即使是我的父母，也很难猜中我的想法，不知道我为什么要创作这本书。随着成长，我们每一天的心境也都在变化。

营销恰恰就是以无法参透人心为前提的一种智慧。能够看懂他人的心思，常常会被认为是一种天赋。的确，我们要承认这种天赋确实存在，但这种天赋异禀的人对他自己的家人、朋友、爱人的内心，又能了解多少呢？了解他人的内心对任何人而言都并非易事，因此人类才会在过往的岁月中，将企业和商人的智慧凝结为"营销"这颗结晶。

的确，一些天才无论是面对个人，还是面对群体，都能从容应对。这类人也就是我们常说的热门产品制造者。不过，其他人也不必绝望，因为我们拥有可以帮助我们参透人心的智慧结晶——营销。

マーケターのように生きろ 营销人的处世之道	要把闲谈看作用于深入了解他人的消费者采访。

像首席营销官一样思考

● **商业活动**

思考一下你所在公司的产品或服务能够提供价值四象限里面的哪些价值。

● **职业规划**

利用价值四象限分析一下你为公司提供的价值。

● **个人生活**

在拜托家人、朋友帮忙的时候,有意识地运用价值四象限。

マーケターの
ように生きろ

第 5 章

步骤三，创造价值，
清楚"自己应该做什么"

为他人创造价值的最佳方式
就是深入了解服务对象。

在创造价值的全过程保持沟通

定义价值是营销的核心。然而,如若不能将价值实际创造出来,那么终究不过是在画饼充饥,不能真正满足任何人的需求。

我们在定义市场这一阶段中将某个群体设定为服务对象,在定义价值时明确了什么是价值,以及服务对象需要什么样的价值。那么,为了提供这些已经明确的价值,我们究竟应该创造什么样的产品和服务呢?

掌握价值"菜谱"

如果要做一名 YouTube 博主,就会有不计其数的问题等待我们去解决,比如具体要怎样制作视频,准备什么样的场地,如何穿着打扮,选择哪个类型的视频,视频时长多长,等等。大家对如何创造功能性价值都有了解,但是说到创造情感性价值，可能就一头雾水了。比如，我们想要做一个甘甜醇厚、口感绝佳的布丁，这只是一个概念，我们还需要写有原料、厨具以及制作工序的菜谱。创造价值也是同样的道理。**只有掌握了创造他人所需要的价值"菜谱"，才能将概念变为现实。**

每个人的味觉虽然千差万别，但对于某种食物，不可能某个人吃起来是甜的，换个人吃就成了辣的。当然，价值观的种类之多是味道无法比拟的。

有人会为了小芥子①而一掷千金，有人会买100张同一位偶像的CD。在那些不了解情感性价值的人看来，这种消费行为简直不可理喻。

掌握价值"菜谱"是创造他人所需价值的前提。至于拿到原料和厨具之后怎样烹饪，自己说了不算，这取决于他人的口味。总之，营销人要在创造产品和服务的过程中时刻与消费者保持沟通。

营销人的处世之道 | 掌握价值"菜谱"，与他人保持沟通，不断创造价值。

---

① 日本东北地区特产，一种木制玩偶。——译者注

GAFA[①] 的强大源于创造价值的能力

> 最重要的事情就是要痴迷于关注用户。我们的理想是成为地球上最注重用户体验的公司。
>
> ——杰夫·贝佐斯

在创造出产品和服务之后，营销人依然要与消费者保持沟通。我们可以进行满意度问卷调查，或是举办用户活动、粉丝活动，进一步了解需求。将这一理念贯彻到极致的代表性企业有谷歌、Facebook、亚马逊等互联网巨头。这些企业中的专家每天都会分析用户浏览网页或 App 的足迹，锁定用户使用不便的功能并进行改善。而我们这些用户之所以不曾注意到，是因为这些改动过于细致。

实际上，亚马逊早已把"Customer Obsession"（客户至上）作为首要行动准则。其中，Obsession 的本意是"痴迷"，表达了一种强烈的企业"痴迷于关注用户"的态度，而且亚马逊也确实将这一准则落实在了行动中。

众所周知，谷歌（搜索引擎）、Facebook（社交平台）、亚马逊（电子商务平台）在各自的领域都不是鼻祖。然而，这3家企业之所以能够取得冠绝全球的成就，就是因为它们精益

[①] GAFA 是 Google（谷歌）、Apple（苹果）、Facebook 和 Amazon（亚马逊）4 家互联网公司的英文名称的首字母缩写。——译者注

求精的精神，以及时刻保持与用户沟通的坚持。

谷歌、Facebook 的日本分公司中的领导很多来自宝洁等大型消费品企业。消费品企业的营销人与 IT 巨头的合作十分融洽，我想应该是得益于两个行业颇为相似的通过沟通来优化产品设计的理念。接下来，我们将在实际的营销活动中了解这种理念。

マーケターの ように生きろ 营销人的 处世之道	"通过沟通优化产品设计"是 GAFA 一飞冲天的秘密。

在创造价值时的思考和技巧

在介绍关于创造价值的实际营销活动之前，请允许我简单介绍一下营销部门，以及营销活动所涉及的部门之间的责任分工。

部分企业的产品设计全部由研发部门负责。在这类企业工作的人或许有些难以理解营销是如何参与其中的。把价值具象化为产品和服务的过程并不属于营销。过去，很多日本企业都是由研发部门负责设计，营销部门的工作仅限于传播价值（广告宣传）。

然而，欧美消费品企业在很久以前就开始让营销部门深度参与绘制产品设计图的环节。近年来，越来越多的日本企业也逐步向欧美看齐。这背后的原因是产品的功能（质量）正在逐渐趋同，实用价值和保证价值的差距越来越小。在现代社会，无论是消费品、家用电器还是化妆品，市面上的产品在基本功能方面都质量过硬且差距不大。

如今，在很多产品门类中，产品脱颖而出的关键已经从"功能（质量）"转变为"观念"和"外观（包装）"。从价值的角度来说，评判价值和共鸣价值的时代已经到来。这两种价值不是来自科研实验室，而是扎根于消费者之中。这就需要了解消费者的营销人深度参与到产品研发当中。对于技术发展日新月异的 IT 行业而言，功能（质量）依然十分重要。同时，还有不计其数的潜在新技术、新功能尚待发掘。此外，工程师薪资显著提高也导致研发费用持续提升。以手机游戏为例，研发一个大 IP 的费用高达数十亿日元。

企业的产品具备某种功能（质量）并且与竞争对手拉开差距，才是产品成功的关键。因此，一些企业开始逐渐吸纳营销人的观点，想要认真研究消费者。于是，现代产品设计成为营销部门与研发部门的联合作业。

> **マーケターのように生きろ 营销人的处世之道**
>
> 产品设计在越来越多的企业中成为营销部门与研发部门的联合作业。

梳理定义价值与创造价值的关系

研发与营销在产品设计中都有体现,二者的关系如下(见表 5-1)。

表 5-1 研发与营销在产品设计中的关系

价值类别	了解消费者对产品、服务的需求(定义价值)	具体设计产品、服务(创造价值)
功能性价值 (实用价值、保证价值)	研发、营销	研发
情感性价值 (评判价值、共鸣价值)	营销	营销

功能性价值主要由研发部门具体设计,而情感性价值均由营销部门主导发掘。

构成产品的 3 大要素

本书将功能(质量)、观念和外观(包装)称为构成产品的 3 大要素。

这 3 大要素来源于下面的"6P 营销理论":

- Price：价格
- Proposition：观念
- Product：功能（质量）
- Pack：外观（包装）
- Place：渠道
- Promotion：推广

6P 营销理论将 4P 营销理论中的"产品"部分拆解为观念、功能（质量）和外观（包装）3 部分。下面我将通过具体的事例来讲解这三者的区别。

最近，东京神乐坂开了一家单人单间桑拿浴店。因为我很喜欢蒸桑拿，所以在我看来这是一家很棒的店。而静冈有一处名叫"桑拿敷地"的桑拿浴店，被称为"桑拿圣地"，全日本的桑拿爱好者都会到那里"朝圣"。尽管这里除了桑拿别无所长，但是服务品质之高确实是万中无一。这两家桑拿浴店都提供令人满意的服务，但是二者的亮点并不相同，后者是服务品质优异，前者则是卖点新颖。由此可见，评价产品好坏的标准不仅包含功能（质量），还有观念。

然而，观念是无形的，它无法凭空创造价值，需要通过功能（质量）及外观（包装）具体表现出来。譬如，我们可以通过向环保组织捐款来表达环保的观念。应当注意的是，从这个角度来说，观念与功能（质量）和外观（包装）并不是并列关系。

外观（包装）指的是产品外包装所呈现的整体观感。现在请大家回想一下自己常用的洗发水的样子。会有人想到瓶子里白色的黏稠状洗发水吗？如果你回答"是"，那么我猜你是研发人员。因为对普通消费者来说，提起某个品牌的洗发水，脑海中只会出现自己在店铺或广告里看到的外包装，根本不会想到瓶子里的液体。从这个角度来说，包装才是产品。生产一款好的洗发水和设计一个好的洗发水外包装所需要的知识是截然不同的。所以我才会在6P营销理论中把功能（质量）和外观（包装）单列出来。

功能（质量）、观念和外观（包装）这3个要素就是创造价值的原料。

搭配3种原料，组合创造价值

恰当地搭配3种原料，就能够创造价值（见表5-2）。

表5-2 价值菜谱

产品的3要素	实用价值	保证价值	评判价值	共鸣价值
功能（质量）	○	○		
观念	(○)	(○)	○	○
外观（包装）	(○)	(○)	○	(○)

注：○是指产品的要素通常能够创造的价值；(○)是指满足一定条件时，产品的要素能够创造的价值。

功能（质量）能够创造实用价值和保证价值。观念是评判价值和共鸣价值的直接源泉，也是实用价值和保证价值的基础。外观（包装）主要体现的是评判价值，但如果将观念具象化，那么它也能够支撑起共鸣价值。同时，外观（包装）也是与实用价值和保证价值密切相关的重要因素。

可以一边跑步一边用嘴控制开合的运动饮料的瓶盖，就是用包装实现了实用价值。洗发水等物品的精致包装可以使其长期保存，实现的正是保证价值。

在功能（质量）方面，营销部门可以与研发部门共同定义价值，而后由研发部门创造价值（见表5-3）。

表5-3　价值的原料与各环节的责任部门

价值类别	了解消费者对产品、服务的需求（定义价值）	具体设计产品、服务（创造价值）
功能性价值 功能（质量）	研发、营销	研发
情感性价值 观念、外观（包装）	营销	营销

比如，营销部门对男士洗发水的价值定义是定型效果好且易清洗，研发部门负责研究可以实现这一价值的配方，两个部门就这样通力合作。而对观念和外观（包装）的价值定义和价值创造，均由营销部门主要负责。

> **营销人的处世之道** ｜ 运用功能（质量）、观念和外观（包装）的组合搭配来创造价值。

创造概念

究竟怎样组合搭配功能（质量）、观念和外观（包装），才能够创造出我们所期望的价值呢？

公司在研发产品或打造服务时，首先要创造概念。这里的概念指的是公司内部的研发理念（产品计划书），涵盖着对功能（质量）、观念和外观（包装）的预设，它不同于广告宣传语之类面向消费者的外宣概念。既然在定义价值的阶段，公司已经决定了提供什么样的价值，那么为了实现这些价值，就要细化功能（质量）、观念和外观（包装）的具体概念。

产品和服务研发理念（产品计划书）的具体内容是公司的机密，不可能轻易示人。不过，我们可以通过观察和分析现实情况，倒推计划书的内容。这是营销领域的常规训练。譬如博报堂 DY 集团就已经将其纳入日常实践，并将这种训练称为"解构"。

下面，我们就来解构可口可乐日本分公司旗下的乐活矿泉水的品牌概念。

实用价值和保证价值可以体现在功能（质量）上。乐活的实用价值就是解渴、补充矿物质，并且品控严格、饮用安全，这与不计其数的其他矿泉水品牌相比并没有太大的优势。

然而，乐活体现的观念之一是环保。这一观念能够让人推测出乐活矿泉水研发理念（产品计划书）的内容。有时，产品计划书中的内容与实际的广告宣传语有所不同，但这也只是表达内容与表达方式的区别。宣传环保的观念能够让消费者感到自己看重的价值观得到了保护，从而获得一种精神上的满足感，这就是共鸣价值。

从营销的角度来看，向慈善团体捐赠善款同样是在做价值交换。捐赠人用金钱交换的是一种纯粹的精神上的满足感。他们付出金钱却收获不到任何物质层面的回馈。分析这一行为背后的心理，你就能发现共鸣价值的力量是多么强大，它促成了"道德消费"。如今人们越发注重这种精神上的满足感，尤其是年轻一代。**在未来所有的产品门类之中，产品观念决定竞争成败。**

对于观念，营销人不能只做口头宣传。观念需要通过功能（质量）、外观（包装）或具体行动予以印证。可口可乐公司就是用"生产百分之百可回收的矿泉水瓶""在全日本６处水源地取水"等实际行动印证了乐活的环保理念。

环保消费已经成为一种时尚。不少选购环保产品的人只是想让自己看上去理性又前卫。丰田的普锐斯品牌因为演员莱昂纳多·迪卡普里奥（Leonardo DiCarpio）的推荐一举成名。此外，在诸如卡梅隆·迪亚茨（Cameron Diaz）、杰西卡·阿尔芭（Jessica Alba）等外国名媛和热心环保人士的影响下，环保成为一种时尚。

此外，产品在外观（包装）上采用让环保标识一目了然的设计，不仅能够加深共鸣，还能让消费者以此彰显自己热心环保的态度，让自己在旁人眼中的形象变得理性又前卫，这就创造出了另一种情感性价值——评判价值。

这里所说的外观（包装）不仅指产品的外包装（狭义的包装），还包括名称、商标、视觉识别（VI）[①]、摆台等。

乐活的矿泉水外观（包装）设计就非常优秀。它的日文名称很出彩。"乐活"本身指一种知名的、注重健康可持续的生活方式，但如果直接借鉴这个名称，可能缺乏特点和新意，因此商家选取了与"乐活"谐音的日本传统伊吕波歌[②]，将两个名称融为一体，这样不但展现了环保理念，而且让日本消费者在对产品印象深刻的同时倍感亲切。

此外，矿泉水瓶和广告的设计都以绿色为基调，消费者看到以后立刻就能将产品与环保联系起来，而且设计风格简约现代，很好地表现出了时尚感。

[①] VI 是与产品相关的广告产品的设计指南，针对商标的使用规定、商标颜色的视觉效果、商标字体等设计方面的原则进行详细规定并严格执行。
[②] 以日语假名次序谱写的字母歌。——编者注

> マーケターの
> ように生きろ
> **营销人的
> 处世之道**
>
> 创造概念，即对功能（质量）、观念和外观（包装）进行组合搭配。

验证概念

站在旁观者的角度去解构品牌概念很简单，但产品设计实际上是一项耗时耗力的工作。在这个环节，设计师需要与客户保持沟通，才能将价值变为现实。

想要最终明确品牌概念，就需要进行概念测试。

这项工作的主要内容就是不断地倾听消费者的声音，以此检验产品功能（质量）、观念和外观（包装）的组合搭配是否合理，以及在实现价值的过程中有无偏差。具体来说，就是用文字或图片展现产品的特点，然后针对消费者的观感进行问卷调查。

在进行外观（包装）调查时，我们可以准备多个具体设计方案，请消费者阅览，近距离观察他们的反应。我们可以将方案打印出来，也可以制作模型，让消费者的感受更加直观，从而提高调查的准确度。

经过概念测试，当产品研发进展到样品制作阶段后，公司应该请消费者试用样品并向其了解使用感受。比如，食品厂商设置了实验厨房，消费者可以在厨房中试吃烹饪好的食品；护发用品厂商专门设置了像美容室一样的房间，请消费者试用洗发水。有时，为了观察产品包装的效果，还可以让消费者在模拟商店环境的实验室里挑选产品。

当产品的功能（质量）、观念和外观（包装）全部经过细致入微地调整之后，才能最终制作出产品设计图。

当产品按照设计图制作出来后，并不是销售出去就万事大吉了。我们要对畅销产品进行分析，有时还要通过直接倾听消费者的声音，不断改良产品。我们可以采用试销的方法，选择在某个区域销售产品，根据消费者的反馈对产品进行改良，之后再在全国展开销售。

创造价值的本质就在于与用户的沟通。无论是功能（质量）、观念还是外观（包装），都只是实现价值的手段，我们不仅要充分了解这些手段，而且要通过与消费者进行沟通，不断精益求精地创造价值。

营销人几乎不会走到台前，他们的口才可能并不像一线销售员那样好。不过，他们和销售员一样日复一日地围绕着产品与消费者进行沟通交流。

请你从身边拿起一件令你满意的商品，然后仔细地看一看它，试着分析一下这件商品。你有没有听到营销人的声音？

希望大家也能像解构乐活矿泉水的品牌概念那样，倾听潜藏在这些商品中的营销人的声音。

> マーケターの
> ように生きろ
> 营销人的
> 处世之道
>
> 在创造概念之后，要倾听消费者的声音，并不断对产品进行改良。

在日常工作和生活中创造价值

在职业生涯中，当我们确定要为某人或某个市场做出某种贡献或提供某种价值时，我们就要让自己具备这种价值，并且不断自我锤炼。可是，我们自身的价值往往取决于工作资历，而很多时候我们对自己的资历积累无能为力。因此，我们在创造自身价值的时候，无法像创造产品、服务那样具备能动性。但如果你想要在自己的职业生涯中创造价值，那么除了本书所介绍的内容，你还要参考另外一种思想——计划性巧合理论（Planned Happenstance Theory）。

创造计划性巧合

一个人可能在职业道路中知道今天要去哪里，但不一定知道最终的目的地在哪。

——汉尼斯

斯坦福大学的一位心理学家约翰·科伦波茨（John Kolombowitz）教授提出了一个理论，他认为一个人的成功来自无数个巧合。这个理论的主要观点有：规划职业生涯是一种不切实际的想法，绝大多数的职业规划都无法实现；80%的个人职业生涯都取决于巧合；不断地积累经验，全力以赴地应对这些巧合，能够让一个人获得更加光明的未来。

科伦波茨教授是一名德高望重的学者，也是一位成功人士，他的职业生涯足以印证计划性巧合理论。这位教授之所以选择心理学专业，是因为他的网球教练恰巧是教心理学的老师。据说，他之所以开始打网球，是因为有一次在一条陌生的街道上骑车，看到孩子们在很开心地打网球。显然，这位教授不可能制定"在一条陌生的街道上骑车，最后成为著名的心理学家"这样的职业规划。

我赞同计划性巧合理论。我身边不乏成功人士，但是他们众口一词，都说自己成功只是因为运气好。他们表示自己只是恰巧遇到了贵人或绝佳的机会，并没有考虑太多，便达到了今天的成就。可见成功确实来自无数个巧合。但是，这些人显然不可能只是运气好，他们必然也通过主动作为，将纯粹的巧合转变成让自己飞黄腾达的机遇。

坚持原则可以让巧合助力成功

重要的不是被给予什么，而是如何去利用自己得到的东西。

——阿德勒

实现计划性巧合理论的前提是主动作为。收到跳槽的邀请、调岗摸底、感兴趣的项目正在招人……这些确实都是巧合，但是选择权在你自己手中。

工作就像打牌，虽然你拿到的牌是随机的，但是怎样出牌是你可以自己决定的。毫不夸张地说，一个上班族每天都要面临无数次出牌的选择。

要把巧合转变为飞黄腾达的机遇，关键是要在出牌时坚持原则，明确如何像营销人一样创造自身的价值。我们需要经常问自己：打出哪一张牌，能够让自己做出更大的贡献？打出哪一张牌，能够为自己积累更多经验？虽然这种方式不能保证每一次选择都是正确的，但它能够让你在每一次做选择时都有条不紊。

无论牌面好坏，每个人都要打好自己手中的牌，抱怨自己手气差没有任何意义，每个人都必须用手中的牌亲自参与牌局，下一张牌的决定权在自己手中。虽然我们无法掌控所有事情，但是依然可以规划自己的人生，在出牌时坚持原则，就可以把巧合转变为机遇。

让牌堆变得更加丰富

我入职微软后，就从来没有过"好想快点调走，这份工作不适合我"的想法。我觉得1992年自己进入公司时所做的工作是世界上最棒的工作,这份工作我可以做一辈子。

——纳德拉

当你左右为难的时候,请选择为更多的人做出贡献。

通过观察,我发现很多年轻人十分渴求个人进步和自我实现,结果却欲速而不达。我将这种现象称为自我实现的魔咒。

一个人在工作中的成长进步取决于3个方面:工作经验、领导点拨和学习进修,它们的重要程度占比分别是7:2:1。如果单论学习进修,那么人人都有机会自我实现。但是,如果有一份绝佳的差事,而这份差事只会交给那些对公司贡献大的人,这就意味着获得领导点拨的机会不多。

因此,想要获得个人进步,首先要具备贡献意识。只有积极主动地做贡献,才能够获得更多工作机会(让牌堆变得更加丰富)。**我们只要转变思路,就能影响牌堆里牌面的数量和质量,这也是将巧合转变为飞黄腾达的机遇的关键。**

マーケターのように生きろ 营销人的处世之道	**在每一次做选择时坚持原则,具备贡献意识,让牌堆变得更加丰富,有助于让巧合助力成功。**

社交网站是创造自我价值的最佳训练场

在利用社交平台做自媒体的时候,每个人都是商品研发负责人。下面,我们就以此为前提,共同探讨怎样通过自己发布的内容创造价值。先通过定义市场决定目标人群,再通过定义价值明确用户需求,接下来就是创造价值。

以我的亲身经历为例。我曾设定了一个目标,即在博客上撰写一篇热门文章,而我定义的市场和价值如下:

- 定义的市场:30岁以下的青年商务人士。
- 定义的价值:帮助他人掌握丰富的商业基础知识,传播职业理想。

我在定义市场的时候刻意放宽了目标人群的范围。我所提供的价值是帮助他人掌握丰富的商业基础知识,在功能性价值的基础上,我还考虑到了要提供情绪性价值。

那么接下来应该如何创造价值呢?

我们从功能(质量)、观念和外观(包装)这3个方面来研究一下吧。

功能(质量)

针对以上定义的价值,我做过一个简单的采访,受访者是一位向我咨询职业规划的 30 多岁的商务人士。这位女士热爱学习，但又不像是那种痴迷于升职加薪的"职场狂人"。她把工作和生活都安排得井井有条。我询问她对商业文章的内容方面的需求，最后得到的结论是"掌握丰富的商业基础知识"这一功能性价值。

一辆汽车需要用"车道偏离预警"等物质层面（有形）的功能来实现"世界最高水平的安全性能"之类的概念性（无形）价值，而一篇文章则要用无形的内容来诠释概念性价值。如果将文章内容的主题设定为"丰富的商业基础知识"，文章就会显得更务实、更具体。

我在采访中发现了一个关键信息：受访者正在为信息渠道过于泛滥而烦恼。

20 年前，在我刚刚步入社会的时候，很多年轻人一听到前辈说"没看过《日经新闻》的生意人是不可靠的"，就会匆匆忙忙地去订阅《日经新闻》。虽然在那个年代获取信息很不方便，但是人们在搜集信息的时候没有太多烦恼。反观现在，信息渠道过于庞杂。新闻资讯 App 的种类繁多，让人眼花缭乱，YouTube 视频等线上信息更是多如牛毛。在这种状态下，人们势必会为选择渠道而发愁。

这样一来，我们就可以提出这样一个假设：如果把"如何选择获取信息和知识的渠道"这一主题作为帮助他人"掌握丰富的商业基础知识"的具体内容之一，文章将会获得很大的阅读量。而后，我们就可以把这篇文章要提供的功能（质量）设定为：为读者提供在忙碌的日常生活中持续获取知识的方法和信息搜集技巧。

观念

我还在采访中发现，受访者难以选择信息渠道还有另一个原因，那就是现有的大多数渠道中的信息并不适合自己。例如，商业资讯 App 的制作者往往预设观众的主要需求是升职加薪。那么对于不想创业、不期待出人头地和大富大贵，只想学习更多知识、发掘自身潜力的人来说，现有的内容并不适合他们。因此，我认为传播职业理想能够获得共鸣。而实现共鸣价值要依靠产品或服务的观念。

有一个例子可以说明这一道理。近年来，人们在选购汽车的时候往往看重"城市 SUV"等产品观念，而不是功能（质量）。SUV 原本是一种为享受越野乐趣而打造的车型，但是它传达给消费者的观念是：在城市道路上享受 SUV 的设计感。这时，"城市 SUV"的观念就带来了"SUV 车主是一位不失趣味的成年人"的评判价值和"享受城市是一种生活方式"的共鸣价值。这两种价值都是抽象的概念。二者的区别就在于后者是通过产品表现出来的价值观。

那么，在我的自媒体中，我就要用文章这种产品表现职业理想，而这需要落实到文章的具体内容和观点上。因此，我将观念定位为向人们传达"不学知识不要紧，学会可以让人生更精彩"的理念。

外观（包装）

人们可以利用博客自带的功能，将自己撰写的文章编辑为一本杂志。杂志比单篇文章更易于传播，于是我便制作了一本杂志，并取名为"知识杂货铺"。

我还备注了杂志的定位——一本网罗那些像杂货一样不学不要紧，学会可以让人生更精彩的知识的杂志，然后把文章都收录进了这本杂志中。

我在这个过程中确定了外观（包装）中的名称和广告宣传语。**观念是一种无形的概念，因此有时它与功能（质量）、外观（包装）并非并列关系，而是需要通过后两者具体表现出来。**

此外，照片、插图、排版等视觉要素都是外观（包装）中的重要内容。由于受网站功能的限制，我无法进行太多视觉层面的优化。但我可以通过美化封面、给文字配图等方式营造良好的视觉感受。为了传播职业理想，创造共鸣价值，我还会用心制作文章的封面和插图。要做到这一点，我需要搜集的不是商业报道中的影像素材，而是能够让人感受到艺术气息和格调的照片。

> マーケターの
> ように生きろ
> 营销人的
> 处世之道
>
> 在做自媒体时,要把自己定位为产品研发负责人。

与他人沟通,刷新"自我价值"

> 我从来没有对自己说过这样的话,但我一直是怀揣着把姐姐作为读者的想法来写小说的。如果我能达到某种艺术上的统一性,那么秘密就在于我的姐姐。
>
> ——库尔特·冯内古特(Kurt Vonnegut)

在杂志的功能(质量)、观念和外观(包装)俱备后,似乎可以开始进行文章的创作了。然而,从营销人的角度而言,准备工作还没有完成,还需要加入与他人沟通交流的环节。

将功能(质量)、观念和外观(包装)全部梳理完毕之后,就能得到这篇文章的概念:

> 有些知识不学不要紧,学会可以让人生更精彩,网罗这些像杂货一样的知识的杂志——《知识杂货铺》与大家见面了。

第一篇文章的主题是信息渠道。有的人明明很忙,却能对热点话题发出精辟的见解。他是怎样获取信息的呢？下面我将为大家讲解这类人获取信息的方法。

写好文章后，要请人试读，了解他们对文章的看法，也就是进行概念测试。为了能够展现外观（包装）的风格，最好提前把文章的封面做好。

如果当面询问熟人的意见，对方有可能会碍于情面而夸奖文章引人入胜。为了避免反馈有失偏颇，我们可以委托亲朋好友把文章拿给不认识自己的人，向他们征求意见。

我们还可以在互联网上进行调查，发布多个版本的概念，并搜集相应的反馈。这种调查方式既便宜又方便，而且结论最为真实。

还有一种更为轻松的方式，我也经常使用，这就是微博调查。先把文章精简至 140 字以内，发布到微博上，然后翻看大家的评论。因为调查的对象都是我的粉丝，所以我可以省去文章中自我介绍的部分。我可以通过与其他微博的效果进行比较，把握这篇文章的反响。点赞数量在 10 个左右，就表示反响不好，100 个左右表示反响平平，1 000 个表示反响不错，10 000 个表示反响很棒。

此外，微博还有问卷调查的功能。这次，我便使用问卷调查功能，将拟定的文章主题与其他几个备选主题进行了比较。在 24 小时内共收集到约 300 次投票，我已经拟定的文章主题与"如何提出假设"这一主题一起胜出。

这样一来,我便确认了读者的需求,于是马上动笔,围绕得票第一的主题撰写文章,并将"如何提出假设"保留下来作为第二篇文章的主题。

当然,微博调查也存在着调查对象有局限性的问题,但是,**有局限性的调查要远远好过没有调查**。或许调查方面的专家看到我的观点后会感到气愤,但我的首要目标是让每个人都能去亲身实践。本书不是一本营销教科书,它的目的是指导大家在生活中灵活运用营销人的思维方式。

我按照上述流程撰写的文章,有幸入选日本2020年11月最受读者喜爱的文章榜单。

我上文讲述的内容并不是在介绍写作技巧和写作思想,而是想传递一种心态和思维方法。

诺贝尔文学奖得主海明威曾在《流动的盛宴》(A Moreable Feast)这部回忆录性质的作品中,这样描述他在创作虚构作品时的心境:"写出一句真实的句子,然后就此写下去。"

营销也是一样。我的文章面向的是30岁以下的青年商务人士。然而,对这类人群的划分从根本上来说是虚构的。但是,我必须从想象一个真实的消费者开始,才能虚构出这些内容。我需要从某个人淳朴的感情出发,全心全意地为这位消费者着想,帮助他解决困难。然后,去了解是否还有更多的人也面临这种困难，这可以帮助我们不断精益求精地创造产品、服务以及各种项目。

自媒体是一种非常有益的、能够帮助大家像营销人一样生活的实践训练平台。在实践的时候，请始终保持为他人服务的心态。

| マーケターのように生きろ 营销人的处世之道 | 在创造产品、项目的时候，要从想象一个真实的消费者开始。 |

像首席营销官一样思考

マーケターのように生きろ

● **商业活动**

思考一下你所在公司的产品或服务具备哪些功能（质量）、观念和外观（包装）。

● **职业规划**

思考一下你每次做选择时有没有以为某人服务或做出某种贡献为标准。

● **个人生活**

运用本章的知识，尝试在社交平台上发布一篇文章。

マーケターのように生きろ

第 6 章

步骤四，传播价值，
让"需要你的人"看到你

传播自身价值的重点在于触动人心,而不仅仅是传递信息。

勇于自我宣传，让价值被看到

> 向朋友问好时记得微笑，握手的时候请真心诚意。不要害怕被误解，也不要在敌人身上浪费一分一秒。
>
> ——阿尔伯特·哈伯德（Elbert Hubbard）

至此，我们已经决定了服务对象，定义并创造了价值。

如果我们创造的价值不为人所知，或者人们仅仅对其有所了解，但并没有深刻认识到这种价值，那么就没有人会利用这种价值，它最终无法满足任何人的需求。

传播价值是一项义务

让服务对象充分了解我们为他们创造出来的价值，这是营销人的一项义务。认真履行这项义务所需要的心态和方法就是营销的最后一个阶段的主要内容——传播价值。

人们对传播价值这一环节的评价常常两极分化。一些人觉得仅凭广告宣传就足以解决所有问题；但在另一些人看来，广告宣传是对人类聪明才智的浪费。

这两种看法显然都是错误的。**只有兼顾创造优质产品和进行广告宣传这两者，企业才能真正创造价值。**如果消费者对产品知之甚少，产品无人问津，那么产品的价值自然无法实现。

通过产品的知名度和自己对产品的印象选购产品是合理的，我个人也赞同这么做。

比如，我是一名创作现实题材视频的 YouTube 博主。我对自己的视频有信心，但是无论我怎样专注于提升质量，视频访问量始终较低。因为在很多时候，观众无法不依靠知名度和印象而仅凭内容来判断视频好坏。观众身处于一个信息爆炸的时代，他们没有时间仔细查看所有信息，所以通过知名度和印象来评判内容是合理的。

江户时代的人一辈子获取的信息量还不如现代人一天获取的多。与 10 年前相比，相信每个人都能真切感受到当今时代信息量的爆炸式增长。以前要开启电脑才能检索到信息，如今只需打开手机浏览，信息便像河流一样涌入大脑。从物质层面来说，当代人不可能仔细查看每一条信息。即便观众能够仔细查看所有信息，也需要耗费大量的时间和精力，才能给予这些信息公平公正的评价。

企业采购部门的员工在挑选供货商的时候，经常会用 Excel 软件制作一张评价表，在表格中分门别类地列举出供货商的条件，对它们评价打分，再算出总分，以此作为选择依据。由个人来做这种评价过于费时费力，因此那些面向大众消费者的产品都会由专业的评论员来评论。但是，我们又会面临一个新问题：怎样评价这些评论员？以汽车评论员为例，仅日本年度风云车的评审委员就有60余人。这样一来，我们在选择意向汽车之前还要先选择评论员，岂不是给自己平添烦恼？

综合上述考量，对消费者而言，最合理的选购方式就是通过知名度和印象对产品进行初步筛选，以避免较大的陷阱，再在有限的几个选项里详细地比较、研究。对每一个选项都进行客观公平的比较是不现实的。因此，要想解决他人的困难，最终为人所需，必须进行自我宣传，让自己进入他人的比较范围。

> マーケターの
> ように生きろ
> **营销人的处世之道**
>
> 进行广告宣传和自我宣传，是营销人的一项义务。

打消对自我宣传的反感情绪

当今，人与人交往的形式比以往更加灵活，随着与越来越多的公司合作，我们也越来越需要给他人留下印象。在人群中凸显自己的存在，这非常重要。

——琳达·格拉顿（Linda Gratton）

想要解决他人的困难，就必须先进行自我宣传。

许多人认为，只要自己用心做好产品和工作，总有一天会被人赏识。然而很遗憾，在现实里，这些情况很少发生。很多人都在勤勤恳恳地工作，其中一些人在做好工作的基础上，还会孜孜不倦地进行自我宣传。如果你向这些人投以鄙夷的目光，认为自我宣传是多此一举，坚信是金子总会发光的，那么你的想法可能有些幼稚。

其实，自我宣传本身并不是在夸大其词或者自我吹嘘。虽然有时一无是处的人会因自我宣传备受推崇，有些毫无价值的产品会因自我宣传销售火爆，但这就像是社会出现了漏洞，并非常态。社会就像电脑系统，哪怕再完备，也不可能完全避免漏洞。但是，漏洞不会频繁出现，更不会长久存在。

这些漏洞会让一部分人对自我宣传心生反感。可能大家都听到过这样无端的指责：某品牌或某人从来就不凭真本事做事，全靠自我吹嘘。无须介意那些无端的指责和旁人的眼光，因为我们会务实地与服务对象面对面交流。介意旁人的眼光会让我们无法专注于满足他人的需求。

那些在个人生活或生意场上践行满足他人需求的理念并取得成就和声誉的人，都非常明白自我宣传的重要意义。如果你遇到了这样的人，那么请一定要请教他们对自我宣传的看法。**我们要倾听的不是批评的声音，而是实践者的经验。**

> マーケターの
> ように生きろ
> **营销人的
> 处世之道**
>
> 无视他人无端的批评，坚持不懈地传播价值。

跨越3个阶段，引领消费者从认知到购买

对于汽车、旅行等产品和服务，消费者从开始考虑到最终购买，平均需要两个月左右的时间。而对于饮料之类的普通消费品，消费者可以在超市中随时随地进行比较并做出购买决策。但是这些当场做出的决策背后，其实是消费者对各个品牌的知识储备，比如品牌的风评、对品牌的印象以及自己过往的经验等。

这些知识都是在过去数周乃至数月，消费者不经意间积累下来的。即使消费者本人并没有主动积累，这段积累知识的时间其实也包括在考虑时间之内。

在传播价值的环节，营销人应当有计划地利用这种考虑时间，逐步推进与消费者的沟通交流。这种总体计划被称为"用

户旅程"①。

"旅程"在这里可以被理解为路线。这种计划就类似于我们在日本旅行，要从东京出发前往金阁寺，途中要先乘电车到品川，再搭新干线去往京都，最后坐公交抵达金阁寺。把传播价值的过程比作旅程，是因为它们有两个相似之处：

- 都有中转地点。
- 人们前往各个中转地点时都可以采用不同的方式。

传播价值的中转地点就是消费者的感受。更为准确地说，消费者对产品的感受会有多次转变，本书将感受转变分为下面3个阶段：

1. 有印象
2. 有好感
3. 选购

---

① 用户旅程，是指从用户视角出发，按照业务发展的过程，以时间线形式表达和用户的接触点（触点），并分析每个触点发生的事情、用户的感受、获益、成本等信息，适用于体验优化、产品设计等。

> マーケターの
> ように生きろ
> 营销人的
> 处世之道
>
> 传播价值分为有印象、有好感和选购3个阶段。

有印象

"认知"一词常常被用于形容消费者对广告的理解。认知指的是一种了解的状态。消费者首先要了解产品，才会购买。因此，认知很重要。

但是，消费者仅仅了解产品没有任何意义。实际上，消费者在购买某样东西之前，需要先想起来某产品。**即使消费者对某产品有所了解，但如果购买时想不到，他也不会把这种产品列入备选清单。**

因此，"有印象"的难度要比单纯的"有了解"大得多。你可以试着列出自己有印象的进口车品牌。你能想到几个？如果不是汽车爱好者，或许只能想起5~8个。那么，你是否认识下面这些品牌：

- 雪铁龙
- 标致
- 沃尔沃
- 菲亚特
- 阿尔法罗密欧
- 兰博基尼

- 欧宝
- 阿斯顿马丁
- 捷豹
- 宾利
- 法拉利
- 现代
- 通用
- 福特

这些品牌你是否都能想到呢？调查数据显示，虽然这些汽车品牌在日本广为人知，但是消费者在考虑购买汽车时，却很难想起它们。这就是"有了解"与"有印象"之间的鸿沟。为什么"有印象"的门槛这么高呢？这是因为让消费者"有印象"需要主动改写消费者的记忆。为了便于理解，我们可以用背诵英语单词做类比。比如，limbo 这个词有"忘却"的含义。不认识这个词的人看到以后会对它有了解，但是继续背诵几页单词以后，就未必还能对这个单词有印象，这是因为记忆没有被改写。

让消费者"有印象"的 3 种方法

我们该怎样让消费者对一个产品有印象呢？有以下 3 种方法：

1. 重复
2. 体验
3. 激发情绪

请大家回忆一下自己上学的时候都是怎样背诵英语单词的，大家运用的可能也是这3种方法。

"重复"就是用单词本复习。单词本之所以能够成为背诵的常用工具，就是因为它可以帮助我们不断重复。

"体验"就是实际使用。大家在写作文或进行英语对话时实际运用某个单词，能让自己对这个单词的记忆更为深刻。

如果你在使用单词进行对话时能够"激发情绪"，就会更有助于记忆。比如你曾当众用错了某个单词，自己羞愧得无地自容，那么之后对这个单词的印象就会很深刻。因为这个过程激发了你羞耻的情绪。

那么，请问你是否还记得刚学到的那个表示"忘却"的单词？

如果你确实已经忘了这个单词，那么请你再复习一下。我想这次你一定会记得更牢。

用创意加深印象

我们在上文向大家重复了 limbo 这个单词，随后又借助大家真的把单词忘了的现实情况，让大家亲身体验了一下这个单词的含义。在这一过程中，我们也激发了大家的错愕、焦躁、震惊、羞愧等情绪。然而，大家根本不需要记住 limbo 这个单词，更不需要制作单词本或尝试使用这个单词。那么，在这种情况下，要想在短时间内让大家对这个单词有印象，就需要下点功夫了。这里的下功夫，在广告领域被称为创意。

看广告的观众根本没必要记住广告中的产品或服务。那么我们应该怎样在有限的时间内，给观众留下印象呢？这就需要创意。

我在奥迪公司从事营销工作的时候，奥迪新推出了 Q2 这款小型 SUV，我的团队负责推广工作。根据我们的分析，Q2 亟待解决的问题就是如何给消费者留下印象。小型 SUV 市场是增长最快的汽车市场，各大汽车厂商为了争夺该市场，都投放了大量的电视广告。在这种大环境下，想要脱颖而出，让消费者在选购时能够考虑到我们的品牌，可谓难于登天。

因此，我们必须出奇制胜。于是，我们与风格精致考究的拉面连锁店开展了合作，在全日本推出了名为 Q2 的新品面食，过年的时候还制作了一个巨大的跷跷板，用这款汽车来打年糕。

这种突破高档汽车常规宣传套路的方式格外引人注目，不仅被新闻媒体报道，也在社交平台上成为热门话题。尽管我们没有大量投放广告，但还是收获了不错的效果。

此外，这款车的目标群体——城市白领也主动参与到了话题之中，亲身体验了 Q2。拉面、年糕等日本文化的代表与德系豪车相映成趣的场景，更让消费者惊喜不已。

这是一个通过重复、体验、激发情绪这一套组合拳给消费者留下印象的成功案例。

让印象与固定的情景连接

对于汽车这样的耐用消费品,消费者在购买时,能想起来的品牌总共只有几个,因此汽车品牌竞争对手的数量不会太多。但是,如果把汽车换成饭店,那么消费者能想起来的饭店数量就与汽车品牌数不是一个量级的了。在这种状况下,可以采用另一种做法,那就是巧妙设计能够让消费者想起产品的情景。

广告的目的是让消费者有印象。比如,大家会在什么情景下想起麦当劳?

- 想吃汉堡的时候
- 想吃一顿便饭的时候
- 想在车里凑合吃一顿饭的时候
- 想吃早饭的时候
- 想全家人聚餐的时候
- 想在工作之余稍事休息的时候
- 想找个地方工作或学习的时候
- 想吃一顿消夜的时候

那么,麦当劳的竞争对手汉堡王能让你在什么情景下想起呢?

当你只是想吃一个汉堡时,二者都是备选品牌。但是,在其他情景下，麦当劳就会率先浮现在你的脑海中。

这就是两个品牌在品牌力上的差距，准确来说，是在品牌力的要素之一——品牌特征上的差距。品牌特征指的是能够让消费者想到这种品牌的情景的数量，以及品牌与各种情景之间联系的紧密程度。像麦当劳这样在多情景下都会被消费者率先想到的品牌，就具有很强的品牌特征。

麦当劳进入日本市场之初，处境就像现在的家庭餐厅一样，人们只有全家在假日聚餐的时候才会想起它。后来，麦当劳开始开拓能够让消费者想起自己的情景，并且结合各种情景创造了不同的广告词。消费者会在以下不同情景中想起麦当劳：

- 想吃早饭的时候：朝麦[①]。
- 想在工作或学习之余稍事休息的时候：麦咖啡。
- 想一个人吃点消夜的时候：夜麦。

营销人的处世之道	运用重复、体验、激发情绪3种方法给消费者留下印象。

[①] 朝麦（开始营业至上午10时的早餐），及后文的"夜麦"（17时至打烊期间的晚餐），均为日本麦当劳特有菜单。——译者注

有好感

接下来,我们来看消费者感受转变的第二个阶段:有好感。

请回忆一下自己购买洗发水的过程。

当你的洗发水用完后,你会去便利店或超市购买。在你走到摆放洗发水的货架旁之前,你的脑海中会浮现出很多洗发水品牌。当你真正站在货架前时,你便会去寻找这些品牌。这一流程有时是主动的,有时则是无意的。你在这种时候想起来的产品的集合被称为"唤起品牌集"。使消费者对产品有印象,就是让他们把某产品加入唤起品牌集。

如果一个人没有唤起品牌集,那么当他面对摆放在洗发水货架上数不胜数的产品时,大脑将是一片空白。不知道你有没有在国外超市选购日用品时,站在货架前茫然无措的经历?这两种状态十分相似。

消费者选购产品时,往往会先在货架上找到唤起品牌集中的产品,根据价格进一步缩减备选产品范围,再凭感觉做出最后的选择。在这一过程中,他们不会在脑海中清晰地制作出一张备选产品的对比表格。**能够左右最终选择的因素,就是消费者对品牌的好感。**

相比于洗发水之类的快消品,好感对于消费者在选购汽车等耐用消费品时更为重要。大家在选购耐用消费品的时候,都会事先通过互联网等渠道进行详细的调查研究。在此基础上列出一两个备选名单，然后去门店实际体验，再结合店员的介绍做出最终决定。

消费者从有好感的品牌着手调查是人之常情。对于自己没有好感的品牌，消费者即使想到了，在调查时也会把它们排到后面，甚至最后都不会予以考虑。不但如此，消费者对自己有好感的品牌还会另眼相看，会更加善意地去解读与之相关的讯息。由此可见，对于汽车等耐用消费品而言，消费者是否对其有好感很大程度上决定着这类消费品在市场中竞争的成败。

不要刻意制造粉丝

好感只是一种自然的感觉，并不是消费者在成为品牌的粉丝后才能产生的。因为我们所能够营造的原本就只有自然的好感。只有某个品牌的价值认可度足够高，消费者才会转变为它的狂热粉丝。

在正确定义了消费者所需要的价值，并且将这种价值精心创造出来之后，消费者的数量才会增加，粉丝数量自然也会增加。反之，如果没有上述基础，只是在表面上发展粉丝经济，绝对不可能培养出真正的粉丝。

画家富坚义博的漫画《全职猎人》可谓大名鼎鼎，拥有众多狂热的粉丝，而他不但对此无动于衷，还会时不时地突然停止更新，甚至一度停更两年之久。在这种情况下，《全职猎人》

依然备受推崇，粉丝看重的是它作为一部漫画最纯粹的价值。

忠诚度只不过是市场占有率高的结果

　　让消费者对产品有积极和良好的印象就可以。如果消费者认为你的产品确实不错，却对竞争产品表示犹疑，那么被选中的应该就是你了。

　　——乔尔·拉斐尔森（Joel Raphealson）

　　我们还要讨论忠诚度（消费者对某一品牌的忠诚程度）这一概念。

　　将数据引入营销，开创了科学营销学先河的安德鲁·埃伦伯格（Andrew Ehrenberg）教授曾经表达过这样一种观点："忠诚度是市场占有率的结果。"也就是说，并不是忠诚度高的品牌夺取了更多的市场，而是随着品牌的市场占有率变高，使用某品牌的人数变多，品牌忠诚度才随之提高。

　　埃伦伯格—巴斯营销研究所的负责人、南澳大学的教授拜伦·夏普（Byron Sharp）认为，消费者必然会对其长时间接触的品牌产生依赖。的确，对很多人来说，哪怕自己的汽车已破烂不堪，也依然对它充满感情。甚至有些人开车开得越久，对车的感情越深。这才能体现忠诚度和狂热粉丝的本质。

　　因此，仅凭广告宣传根本不可能创造出狂热的粉丝。只有先让消费者产生好感，然后让他们实际体验产品，并且持续感受产品的价值，才能创造出真正的粉丝。

让消费者有好感的 3 种方法

我们具体应该怎么做，才能通过广告宣传让消费者对产品产生好感呢？

方法同样是以下 3 种：

1. 重复
2. 体验
3. 激发情绪

重复不仅是让消费者有印象不可或缺的方法，对于让消费者有好感同样十分重要。人们会偏好自己熟悉的事物，这是一种心理现象——单因接触效应。

请想象这样一个情景：在国外出差时，你在街头偶遇了公司其他部门的一个同事。你们之前没有说过话，你也不知道他的姓名。你肯定会说："嘿，你怎么在这儿？"虽然平时你与他不像和自己部门的同事那么熟，但在这种情形下，也会和他格外亲近。

同理，让消费者反复接触某个品牌，会让他们对该品牌产生亲近感。不过，要注意把握分寸。精准投送的数字广告会导致消费者反复看到某个广告。这样可能非但不能让消费者产生好感，反而会让他们心生厌烦。

接下来是体验。体验也能够带来亲近感。一直以来，提供体验机会的品牌会不断积累消费者的亲近感和忠诚度。让消费者进行产品的试用体验，哪怕只有一次，也能产生类似的效果。

激发情绪更利于消费者对产品产生好感。有时候，即使你对一个人的初印象很差，和他一起喝一顿酒、打一场球，也能让你们摒弃成见、建立友谊。这都要归功于人在相处过程中被激发的开心、兴奋等情绪。如同人际交往一样，激发情绪是让消费者对产品、服务产生好感的最有效的方法。

将有印象和有好感合二为一

最理想的广告宣传就是让消费者对产品既有印象又有好感。为此，品牌广告必须有能够向大众反复宣传的传播能力和激发情绪的表现力。电视广告就是兼具这两种能力的传播手段。这也是时至今日电视广告的地位依旧无可撼动的原因所在。

日本电通公司每年都会发布日本的广告费数据报告，据2019年的报告数据显示，互联网广告费总额已经超越了电视广告费，但这并不意味着电视广告已经日薄西山。电视广告费依然占广告费总额的27%，与占比30%的互联网广告费不相上下。

日本全国电视广告的媒体费和制作费相加后的预算数额是

以亿为单位来计算的。如果不具备这样的预算额度，那么品牌方就要进一步思考能让消费者对产品有印象、有好感的其他方法。具体方法包括拉横幅、在车站张贴海报、邀请消费者登录网站了解品牌故事，等等。

如果你想用横幅、海报这些表现力有限的媒介激发消费者的情绪，赢得消费者的好感，那么你可以向广告文案撰稿人寻求帮助。一条出色的横幅文案，即使只能从电车上的人头攒动中露出只言片语，也依旧能够撼动人心。

マーケターのように生きろ 营销人的处世之道	运用重复、体验、激发情绪 3 种方法让消费者对产品或服务产生好感。其中，激发情绪的效果最佳。

选购

消费者对产品或服务有印象、有好感，会显著提高他们选择我们产品或服务的可能性。但是，竞争对手同样会做广告，所以我们仍然不能掉以轻心。为了让消费者最终选购我们的产品或服务，我们还需要用以下 3 种方式背水一战：

1. 把产品送到消费者身边。
2. 让消费者了解产品价值。
3. 增加产品附加价值（赠品）。

把产品送到消费者身边

认知、好感和分销这 3 个指标与市场占有份额之间存在着紧密联系。认知和好感分别对应有印象和有好感，而分销其实就是把产品摆上更多的货架、送到消费者身边。为此，品牌方需要把产品提供给更多的商店。

我是乐活矿泉水的铁杆粉丝，但我偶尔也会因为自己走进的那家便利店里没有乐活矿泉水或者自己没有找到乐活矿泉水，而不得不选择其他产品。

如果品牌方没有将产品送到消费者身边，即便前期大费周章地让消费者对产品有了印象和好感，结果也只能是功亏一篑。

品牌方想要实现产品的高分销率，就要与实体零售商店进行洽谈，而这势必会带来相应的开销。比如，想让对方大量采购，就要给予一定的折扣；想让对方把自己的产品摆在显眼的位置，就要支付陈列费，等等。

品牌方在分配预算时，需要在品牌营销与分销之间保持良好的平衡。如果把 10 亿元一股脑投入品牌营销当中，构建了一个响当当的啤酒品牌，却找不到分销商，啤酒的价值最终也无法实现。

如今在各大超市，食盐品牌琳琅满目。但是在国家垄断食盐买卖的年代，并不存在食盐品牌。因为厂商的产品分销率是100%，也就无须进行品牌营销。

与此情况相似的是自有品牌产品的OEM① 生产。Seven Premium② 等在便利店或超市出售的自有品牌的生产方往往是日本国内的大型企业，它们其实都是这些店铺的股东。从他们的角度而言，他们百分之百地解决了分销问题，自然没有必要进行品牌营销。

反观苹果公司，这是一家品牌营销能力独树一帜的公司。由于深受众多粉丝青睐，分销商甚至还要去主动争取分销权。因此，苹果公司不仅不需要支付分销费用，反而还要向分销商提出各种要求。这也就是一些家电批发商店单独开辟苹果产品专柜的原因。

以上都是一些比较极端的案例。大多数时候，厂商都要确保品牌预算和分销预算之间的平衡。因为分销比营销易于掌控且效果明显。**对于某些产品来说，分销作为营销活动的一环，其重要程度甚至超过营销。**

---

① Original Equipment Manufacturer 的英文首字母缩写，即原始设备制造商，也称为定点生产，俗称代工（生产）。——译者注

② 7-11 便利店的自有品牌。——译者注

让消费者了解产品价值

> 我曾试图用事实理性地劝说消费者购买某个品牌的威士忌，但失败了。如果可口可乐广告仅仅表达可乐含有 50% 以上的可乐果，你是不会被打动的。
>
> ——奥格威

当我们选购家电、汽车之类的大额产品时，即使自己十分中意某品牌，我们也不会当即拍板决定购买，通常都会查阅产品说明或在互联网上了解产品特色，在比较备选产品时还会借鉴专家和专业杂志的意见。此时，利用这些媒介向消费者切实传递价值是一项重要的营销活动。

前文谈到，人们在店铺里购买洗发水之类的快消品时往往会凭感觉选择。但这并不意味着人们没有进行细致的价值比较。很多时候，电视广告和店面里的 POP 广告[①] 会向消费者传递"加入××油，可持久润发"之类的价值，推动消费者购买该产品。

另外，以试用价等方式让消费者通过试用，了解产品价值，进而成为回头客，也是快消品的重要营销策略。对于这类产品，消费者每次使用产品时都会看到的外包装、装饰贴纸等也可以作为传播价值的媒介。

在传播价值时必须注意合理运用表达内容和表达方式。如

---

① 指在各种营业现场设置的多种广告形式。——译者注

果把马丁·路德·金的演讲题目"我有一个梦想"改为"反对歧视黑人",效果会如何?如果这是一个内部纲领的标题,那么并没有什么问题,但是作为演讲标题,这种表达方式不会引起太多人的兴趣。站在听众的角度来说,这并不是听众想听的,自然也不可能深入人心。而"我有一个梦想"就是一个经过精心雕琢的表达方式。一个人只有能够把价值恰当地表达出来,才能成为名副其实的广告创作者或文案撰稿人。

增加产品附加价值(赠品)

> 如果你想说服别人,要诉诸利益,而非诉诸理性。
>
> ——富兰克林

让消费者选购产品的第三个方法是增加产品附加价值(赠品),我们通常称之为"促销"。为了争取那些举棋不定的消费者,我们可以采取打折、送赠品等方式开展促销活动。公司领导层和营销部门都非常推崇促销活动,因为它简单直接,而且效果很好。

产品的销量虽然在促销期间确实会有所上升,但是促销也暗藏陷阱。

第一,定期实施促销,必然会出现"守株待兔"的消费者。这就有可能导致原本能够高价卖出的产品实际获利微薄。这种现象就叫"品牌稀释"。

第二,在消费者最终购买之前,需要经历有印象和有好感的阶段。促销带来的销量其实是建立在这些前期策略基础上的。然而，在统计促销活动的性价比时，我们经常会局限性地关注促销这个单项活动的费用和收益，而忽略了前期投入。如果用足球来类比，只看重促销就相当于"胜负完全看前锋"。但实际上，仅仅补强锋线并不能打造一支强大的球队。

有些人认为打折促销只会适得其反。他们的理由是，如果品牌真正深入人心，就没必要打折，打折反而会降低品牌的价值，雷克萨斯、苹果等知名品牌就从来不降价促销。

这种看法确实有几分道理，但也过于极端。消费者在使用产品之后才可能成为品牌的粉丝。不论如何，消费者数量都是塑造一个品牌的必要条件。

试想，如果连行业巨头都在酝酿降价，那么市场份额低的商家是不是也要被迫跟风促销呢？另处，降价真的会贬损品牌价值吗？奔驰、宝马、奥迪都会降价销售，飞机的商务舱和头等舱在淡季时的折扣常常以数十万日元为单位。那么，乘坐奔驰Ｓ级汽车、搭乘头等舱旅行的价值会因降价促销而有所降低吗？降价销售的奔驰的价值就低于从不降价的雷克萨斯吗？显然不是。

品牌只有背离了消费者需求，价值才会贬损。如果以高品质为卖点的汽车厂商连续召回产品，以周到的服务著称的航空公司粗暴待客，他们的品牌价值才会受到影响。

某些品牌不降价和它们强大的品牌力之间存在着一定的关

联,但这两者绝对不是因果关系。"雷克萨斯不降价,因此奔驰也不能降价"的逻辑就等同于"有钱人都开奔驰,因此我也要开奔驰,这样我才能变成有钱人"。

在实施促销的时候,最重要的一点就是要冷静分析促销的必要性和效果,避免采取过于极端的方案。

本章的内容与我们的日常生活息息相关,希望大家多运用传播价值的理念,悉心观察和分析身边的广告宣传活动。广告宣传活动的目的是影响目标人群的行为,当我们基于这一视角来分析广告的时候,就能轻而易举地发现自己此前忽视的问题。

> マーケターのように生きろ
> **营销人的处世之道**
>
> 运用把产品送到消费者身边、让消费者了解产品价值和增加产品附加价值(赠品)3种方式引导消费者做出选择。

在日常工作和生活中传播价值

人们常说,想要在国际化的企业中获得成功,需要遵循 PIE 法则。PIE 是指:

- Performance：专业表现
- Image：个人形象
- Exposure：能见度

以上 3 个要素在成功中所占的比重分别是：

- 专业表现：10%
- 个人形象：30%
- 能见度：60%

其中，能见度尤为重要，这一结论不免令人咋舌。

提高自我"能见度"

> 为什么有人选择"杰克·丹尼"，有人选择"老爷"或"泰勒"？难道他们逐个品尝并比较过味道吗？别傻了！真相是这 3 个品牌拥有不同的形象，所以才吸引到不同类型的人。他们选的不是威士忌，而是它们的形象。
>
> ——奥格威

我曾先后在新西兰、英国和德国的公司工作，发现 PIE 法则完美适用于所有公司。实际上，我目睹过很多具有匠人精神、工作能力强但并不引人注目的老员工在职场上被积极进取的后起之秀超越。

对于崇尚只要兢兢业业地工作，总有一天会被赏识这一美德的日本企业而言，员工的专业表现似乎更受重视。但其实能见度和个人形象才真正在人事评价中发挥主要作用。

如果你还接受不了这个比重，那么请你试着从领导者的角度思考一下。

在大型企业中，掌握升职决定权的领导者手下往往有上千名员工，而其中每年能够升职的仅寥寥数人。对领导者来说，最理想的评价方式当然是详细了解这上千人的专业表现，而后公平公正地对他们进行横向评价，但是这很难实现。

假设现在有数名候选人，但你对其中一个人一无所知，那么就算他的个人材料再完备，你也不太可能选择他。反之，如果有一个你本身就印象不错的人呢？既然他被列入候选名单，就说明他的个人表现无可挑剔。从人情的角度出发，你会很自然地选择他，至少会给予他足够的关注。

或许有些读者读到这里依然无法接受，那么请你们想象一下自己在选择英语口语学校。假设有 100 所学校满足交通、价格等基本条件，已经被你列入备选名单。现在请你完全根据这 100 所学校的实力，公平公正地从中挑选，不知你会作何感想？如果你对其中的几所学校早有耳闻，甚至其中一所还得到了你朋友的推荐，而且你对它印象不错，这时你又会怎样做？你十有八九会选择这所学校，至少在做选择时会对它有所偏向。

我曾经以为欧美的企业都完全注重实力，因此当我听到能见度在成功中占 60%，个人形象占 30% 的结论时失望至极。但是，当我静下心从营销人的视角思考，便会发现这是合情合理的。

PIE 原则中的 3 个要素其实就是"有印象"、"有好感"和"选购"的另一种表达方式：

- Exposure（能见度）：有印象
- Image（个人形象）：有好感
- Performance（专业表现）：选购

即使产品或服务的质量再好、价值再高，如果消费者对它没有印象，那么他们根本不会考虑选购。面对不计其数的竞争对手，如果消费者对我们的品牌没有好感，就不可能给予我们传播价值的机会。这个道理也适用于公司的人事部门。

一个人具备优秀的专业表现是他升职的基本条件。一个不具备专业能力的人，不可能给上司留下好印象，也不可能在公司里备受瞩目。也许他能蒙蔽他人一时，但迟早会露出马脚。

PIE 法则中 3 个要素在成功中所占的比例并不意味着专业表现不重要，它只是告诉我们，这三者当中哪一个才是决定性要素。

我们很少会根据味道来选购瓶装茶，因为能够被摆上便利店或超市货架的茶，味道都不会太差。在此基础上，我们很少会去选择那些我们印象不佳的品牌，而那些闻所未闻的品牌更不会被纳入最终选购清单中。

营销人常常把从他人的角度出发挂在嘴边，但他们不是空谈道义的圣人或宗教人士，而是注重数据的科学家和直面现实的实践家。

成为一名优秀营销人的前提是成为一个对组织、企业或社会有价值的人。你需要进行自我宣传，并把让别人对自己有印象、有好感作为实现自我价值的手段，在这些方面不懈努力。

面对他人对自我宣传的指责，你要有勇气战胜这些冷言冷语。借用松下幸之助先生的话：这是像营销人一样生活的人的一项义务。

> **营销人的处世之道** | 自我宣传是传播自我价值的必要条件和义务。

成为焦点

　　一个职业的伟大之处，首先在于它可以团结人，增进入人与人之间的交往。

——安东尼·德·圣-埃克苏佩里

我们已经明白自我宣传是一项义务,但是又不能像宣传产品那样给自己打广告,那么具体应该怎么做,才能让别人对我们有印象、有好感呢?

一个常用方法是成为焦点。

Mr.Cheesecake 是一个芝士蛋糕连锁品牌。这个品牌仅在线上销售,产品只有芝士蛋糕,价格远远高于一般芝士蛋糕,而且从不大张旗鼓地打广告。然而,它常常一开售,产品便瞬间售空,以至于消费者不得不在通信软件上添加品牌方为好友,时刻关注产品的开售时间。

我只要打开微博,就经常能够看到与 Mr.Cheesecake 有关的信息。不少人会骄傲地宣布自己"订到了""收到货了",他们的微博下面还会有很多人回复"真棒""我也想要"等。总而言之,这家店本身已经成为一个热门话题。

像这样成为社交媒体的焦点,更容易让他人对自己的品牌有印象。

一个品牌频繁地出现在人们的对话当中,能够产生重复的效果,消费者亲身参与话题会增强自己的体验感,而品牌方围绕这个话题与消费者交流,有利于激发情绪。

那么具体来说,我们应该怎样成为焦点呢?

如果想要成为人们茶余饭后的谈论焦点,就只有成为国民熟知的明星，或者制造传播度高的新闻。我们当然做不到这一步，但如果目标是在公司或行业内的小圈子里成为焦点，其实并没有那么难。

主动拓展社交范围

> 我们从一项长达 75 年的研究中得到的最清晰的结论是：良好的关系让我们更快乐，更健康。
>
> ——罗伯特·瓦尔丁格（Robert Waldinger）

请大家回忆一下自己身边经常被谈起的那些人，再试着分析一下这些人的特点。我认为焦点人物主要有两大特点，其一是与身边人拥有很多"共同的熟人"。当你在酒局中，身边坐着一个不熟悉的人时，如果你们有一个共同的熟人，自然而然就能找到共同话题。**与他人拥有更多共同熟人的方法就是主动认识别人。**

在公司内部这样一个范围有限的交流环境中，你很可能和每个人都会有一面之缘。而身处整个行业这样一个略微宏观的环境中，你更要有意识地去融入核心话题。你会发现，越成功的人工作之余的社交活动越精彩，他们频繁参加聚餐、酒局、线上商务等各项活动，这其实都是他们主动为之的。精彩的社交活动不仅让你认识更多有共同话题的熟人，而且能够提升你手中资源的质量。

如此想来，我自己的职业生涯同样也得益于这些偶然相识的贵人。多年以前，在某次活动的宴会上，我有幸认识了东洋经济新报社的员工。在那之后，我多次受该社邀请登台演讲和撰写文章，最后幸运地认识了本书的编辑。

我自己是一个相当内向的人，非常不擅长在这种社交场合活动，每次都想一走了之，曾经也确实溜走过很多次。

不过，在频繁被活动主办方邀请参加宴会、发表演讲之后，我渐渐地适应了这种半自愿的社交形式，同时也真切地感受到了社交带来的好处。有时，我在微博上发牢骚说自己应付不来这些社交场合，会有各行各业的名人回复并深表共鸣。根据我个人的亲身感受，那些当众口若悬河的领导者和大人物其实很多都非常内向。可见，那些名人也会强迫自己参与到社交活动当中。因为这种强迫可以让他们受益。而益处就是能够让他们的资源变得更加丰富，而且可以帮助他们结识共同的熟人，提升自己的存在感。

如果你所处的行业或圈子里有这种社交场合，请你务必鼓足勇气主动参与进去。

在公司中，职场人通常可以灵活利用酒局之类的内部活动拓展社交范围。遗憾的是，如今生活方式的变化让这种机会越来越少，但同时也带来了线上酒会等新的商务社交方式。这充分说明了社交在任何时期都是必不可少的。为了和竞争对手拉开差距，请积极参加社交活动吧！此外，不论你参与的活动是正式的还是非正式的，都要仔细观察其他参与者。因为公司里的某个"红人",很可能会频繁出席这些活动。

当然,这一切都建立在你具备优秀的专业表现的基础上。如果你既没实力又没成绩,还频繁地出入酒局,最终只会成为大家眼中的酒囊饭袋。

前文提到的 Mr. Cheesecake 之所以能够屡屡成为热门话题,正是因为它的芝士蛋糕有着非凡的味道。在这个基础上,它又通过田村浩二等明星在社交媒体上扩大宣传,增加与消费者的共同的熟人,不断提升自身的存在感。

勇于当众发言

> 一个人能够创造多少价值,取决于他与他人的联系有多紧密。
>
> ——格拉顿

当众发言是结识共同的熟人最有效的手段。

如果我在 1 000 人面前发表演讲,我就能成为这 1 000 人的共同的熟人。从某种层面来说,这也是认识他人的过程。

通常来说,如果你没有一定的实力和成就,且不具备演讲技巧,就不会有人邀请你去演讲。但是我建议,只要有公开演讲的机会,一定要积极参加。相对而言,你在公司内部更容易找到演讲和发言的机会。按照日本外资企业海外高管的习惯,他们在全体员工面前发表了演说之后,一定会让台下的员工举手提问。遇到这种情况,大多数日企员工都鸦雀无声,但是外资企业的员工就会主动争取这个提问机会,因为这是他们自我展示的绝佳机会。

如果让我在日企做这种自我宣传,我可能也会望而却步;但如果是在本部门的会议上发言,那么门槛势必会降低一些;如若再退一步,争当下周例会的主讲人,那么准备起来或许会更加轻松,效果也会更好。**当其他人都不举手的时候,恰恰是巨大机遇来临的时候。** 希望你能够积极迎接挑战,把握机会。

成为新闻来源

> 重要的是找到一份能够让你真正做自己的工作,一份能够最大限度地发挥你的潜力、让你对世界做出贡献的工作。
>
> ——保罗·波尔曼(Paul Polman)

焦点人物的另一个特点是他们会成为新闻来源。

当我们在酒局中与陌生人坐在一起的时候,我们之间的共同熟人能够打开我们的话匣子。倘若这个熟人能分享一些新闻,那么他会帮助我们聊得更加热火朝天。

前文的 Mr. Cheesecake 就是通过在经典款式的基础上定期发布季节限定款蛋糕的方式,不断向粉丝提供新闻。由于蛋糕的发售过程过于迅速,产品总是瞬间被一扫而空,发售本身缺乏新闻度,品牌方便在微博直播产品的研发经过。他们这种另辟蹊径的宣传策略显得格外出色。这家店并没有因为产品一经发售就被抢购一空而志得意满，而是不断迎接新的挑战，这种态度也引起了粉丝的共鸣。

时时刻刻迎接新挑战的人，更容易成为新闻来源。新闻重在一个"新"字，因此我们一定要重视新的挑战。

如果我们的目标是升职和实现个人进步，那么新闻内容必须回归工作本身。

当你承担并出色完成了某个新的大型项目或某个备受关注的项目，你自然会成为焦点人物。找准自己贡献度高且受关注度高的工作，大胆迎接这个新挑战。

当然，具备了勇于挑战的态度，也未必能够承担重要的项目，尤其是新项目。一个人只有不断积累小贡献，才有机会做出大贡献。

此外，新的挑战会造成一些不自在的感觉。但是，只有跳出舒适区，踏入让自己感到不自在的区域，才能扩大自己的舒适区。而这才是真正意义上的进步。

不断迎接新的挑战不仅可以让自己成为焦点，而且能促进个人成长。

这里要注意区分不自在和厌恶。没有人能够忍受着发自内心的厌恶还坚持为他人做贡献。我们可以无视那些自己厌恶的事情，远离自己厌恶的人，但不能因为不自在就选择逃避。

> マーケターのように生きろ
> 营销人的处世之道
>
> 成为焦点是自我宣传的必要手段，主动拓展社交范围、勇于当众发言和成为新闻来源是成为焦点的有效方法。

打造值得传播的价值

相比于过多或过早地关注自己的遗产，我选择走一条能够做出有意义的贡献的道路。

——汉尼斯

我们要确保哪些能让自己成为焦点的新闻是真实的。为了制造话题而编造或炮制新闻，非但不会让他人接受自己，有时甚至会弄巧成拙、招致非议。有些人会没有底线地炒作饱受争议的话题，以博人眼球。他们确实认识到了成为焦点的重要意义，但是传播价值并不是仅仅停留在让他人有印象这一个阶段，之后还要给他人留下好印象，进而让他人在这个好印象的基础上评判价值，使其最终"选购"这种价值。

无底线的炒作营销确实能够让人印象深刻，然而制造这种令人厌恶的坏印象毫无价值。

我们永远不能忘记，自己所做的一切最终都是为了满足他人的需求。营销其实就是价值交换，品牌也是商品的价值属性之一。例如，奔驰品牌能提供给你"旁人眼中的有钱人"这样一种评判价值。

打造个人品牌一般指的是通过在社交媒体自我表达或在媒体上抛头露面，在公司或特定的社交圈子内提高自己的知名度，打造个人形象。单纯自卖自夸没有任何意义。有时我感觉市面上个人品牌的打造者在对这一点的理解上也有所欠缺。如果打造者没有提供他人所需要的价值，那么这既不是营销，也不是在打造品牌。

如果你打造个人形象、提高知名度是出于商业需要，那么这确实是一种营销活动，而且无疑属于传播价值中的一个阶段。

做出这种判断的关键依据就是这些人确实具备值得传播的价值。他们提供有价值的服务，因此他们在社交媒体上发布信息或自我表达都是传播价值的一种手段。如果自身没有任何值得传播的价值，哪怕手握再多的社交平台资源、发布再多的信息，也没有任何意义。

那么，我们该怎样创造自我价值呢？那就是一步一个脚印地按照营销的4大阶段的顺序满足他人的需求、解决他人的难题，不断积累自己的实力和成绩，并传播价值。

マーケターのように生きろ 营销人的处世之道	拥有值得传播的价值是传播价值的前提。

マ ー ケ タ ー の よ う に 生 き ろ
➡ **像首席营销官一样思考** ⬅

● **商业活动**

思考如何让消费者对你所在公司推出的产品或服务有印象、有好感，并最终"选购"它们。

● **职业规划**

思考如何让你现在所处的公司和行业对你有印象、有好感，并最终"选购"你。

● **个人生活**

思考如何让更多人知道你的社交账号。

后 记

拥抱独一无二的人生,做自己的首席营销官

"人生就要随心所欲""最重要的就是做自己""我要永远追求梦想",听到这些话,有人会产生强烈的共鸣,但也有人会眉头一皱。

作为一个跨越了日本昭和与平成两个时代的人,我能够理解这些观点。

二战后,我外婆从故乡岐阜县的郡上八幡来到横滨,与同乡的外公结了婚。当时,外公创立并经营着一家印刷公司。然而,在我母亲上高中的时候,他突然因病撒手人寰,留下了3个女儿。外婆接手了公司,可是她毫无管理和经商经验,甚至没有接受过教育,连字都写得歪歪扭扭。从那以后,外婆一边抚养孩子,一边拼尽全力经营公司,结果生意越做越大,后来还在东京开了分公司。

如今，日本常常被批评说女性企业管理者的数量远远少于外国。而在昭和时代中期，我外婆作为一名女性管理者，要同清一色的男性银行职员和客户打交道，还要把员工团结在一起，困难程度非同一般。此外，她还要独自养育孩子。

这是外婆想要的生活吗？肯定不是。但是她不得不这样做。她为了生活别无选择。这是那个时代很多人的真实写照。

即便到了我父母步入社会的年代，人们仍旧不能完全认同活出自我、随心所欲的价值观。他们那一代人都在为了家庭、公司和日本的发展而努力工作。

当前社会经济高速发展，社会保障制度健全。照相机等影视器材和音响设备走入千家万户，此前被大型娱乐企业垄断的制造工艺也得以普及，人们可以通过互联网进行自我表达，零工经济愈加繁荣，人们维持生计的方法也变得多种多样，YouTube 博主等成为热门职业。活出自我、追随本心的生活方式不仅逐渐被世人接受，甚至备受推崇。

这些美好的现状在我外婆和父母年轻时所处的年代，是人们根本不敢想象的，但我们也要注意，当今这个社会存在着倒向极端的风险。YouTube 等平台虽然为人们提供了从事自由职业的可能性，但是并没有提供相应的保障。这就好比现在谁都能轻而易举地登上相扑赛场，但并非每个人都能以相扑力士的身份养家糊口。只有极少数人能获得巨大的成就，这些人不仅兼具实力和运气，还呕心沥血、不懈奋斗。除了这些人，绝大多数人创作出来的东西都不会有太高的传播度。如果你投入的时间和热忱长期无法获得他人的认可，这会慢慢侵蚀你的自我肯定感，并让你在物质上入不敷出。

发掘个性，用独特的方式满足他人需求

令和时代到来后，一个新的时代开始了。

日本有一档名为 Nizi Project 的 YouTube 节目人气很高，是由韩国 JYP 娱乐公司和日本索尼音乐公司联合创办的，旨在打造能够走向世界的日本女团。这档节目的魅力不仅在于女性对梦想的执着追求，还有策划人朴振荣的策划理念。

朴振荣始终坚信每个人都是独一无二的。因此在海选时，他未必会选择唱跳水平高的人，他的选择依据是当这些人组成一个团体之后，她们能否展现并张扬自己鲜明的个性。

朴振荣的哲学思想都浓缩在了下面这句话中：

这个海选只是针对某一个特定的目的，找一个与之匹配的人，与大家有没有特色无关。每个出生在这个世界上的人都是独一无二的。

这是海选期间他送给那些落选者的一句话，让我深有

感触。

全世界有多少人实现了儿时的梦想？或许大多数人至今依然怀揣着自己早已破灭的童年梦想。可能也有不少人从来就没有萌生过"不切实际"的梦想。尽管如此，可这并不意味着后者就是平平无奇、可有可无的。

"每个出生在这个世界上的人都是独一无二的。"因此每个人必然都能够找到一个领域，在这个领域，只有你才能满足他人的需求。

我希望大家能够像营销人一样生活，从他人的角度出发，时刻为他人着想，以满足他人的需求为己任。当然，这不是一种宗教或道德层面的要求，而是鼓励大家要注重事实和数据，把想法落实到行动当中。同时，像营销人一样生活不是一项慈善事业，而是一门生活哲学。

注重整体性，创造你中有我的生活

有一个名词叫作"Wholeness"，可以翻译为"整体性"，是指青色组织——一种既没有上司也没有下属的未来组织理念。这种理念的特点是在尊重个体的同时平衡个体与整体的关系，个体与整体是你中有我、我中有你的关系，二者相互补充。

这种关系就像我们的身体与器官的关系。胃、肠、心脏、大脑都是无可替代的独特个体，但是这些个体无法独立存在。有了身体这个"整体"，这些个体才得以生存，它们的存在才有意义。同时，整体又是由个体组合而成，哪怕是一个小小的脏器功能失灵，整个身体就将无法正常运转，这就是所谓的整体性。

整体性不是集体主义，二者的关系如下：

- 集体主义：个人服务于社会。
- 个人主义：社会服务于个人。
- 整体性：社会成就个人，个人构成社会。

这种整体性的思想是本书观点的根基。

经历了昭和时代的集体主义和平成时代的个人主义，我预感令和时代将是整体性的时代：

- 昭和时代：集体主义（为了社会发展而辛勤工作）。
- 平成时代：个人主义（追随本心地生活）。
- 令和时代：整体性（用自己的方法，填补世界拼图的缺口）。

世界上必定有一块只有你能填补的与众不同的缺口。**每个**

人都是独一无二的存在——这不是虚无缥缈的空谈，而是确凿无疑的事实。

未来，属于终身学习者

我们正在亲历前所未有的变革——互联网改变了信息传递的方式，指数级技术快速发展并颠覆商业世界，人工智能正在侵占越来越多的人类领地。

面对这些变化，我们需要问自己：未来需要什么样的人才？

答案是，成为终身学习者。终身学习意味着永不停歇地追求全面的知识结构、强大的逻辑思考能力和敏锐的感知力。这是一种能够在不断变化中随时重建、更新认知体系的能力。阅读，无疑是帮助我们提高这种能力的最佳途径。

在充满不确定性的时代，答案并不总是简单地出现在书本之中。"读万卷书"不仅要亲自阅读、广泛阅读，也需要我们深入探索好书的内部世界，让知识不再局限于书本之中。

湛庐阅读 App: 与最聪明的人共同进化

我们现在推出全新的湛庐阅读 App，它将成为您在书本之外，践行终身学习的场所。

- 不用考虑"读什么"。这里汇集了湛庐所有纸质书、电子书、有声书和各种阅读服务。
- 可以学习"怎么读"。我们提供包括课程、精读班和讲书在内的全方位阅读解决方案。
- 谁来领读？您能最先了解到作者、译者、专家等大咖的前沿洞见，他们是高质量思想的源泉。
- 与谁共读？您将加入优秀的读者和终身学习者的行列，他们对阅读和学习具有持久的热情和源源不断的动力。

在湛庐阅读 App 首页，编辑为您精选了经典书目和优质音视频内容，每天早、中、晚更新，满足您不间断的阅读需求。

【特别专题】【主题书单】【人物特写】等原创专栏，提供专业、深度的解读和选书参考，回应社会议题，是您了解湛庐近千位重要作者思想的独家渠道。

在每本图书的详情页，您将通过深度导读栏目【专家视点】【深度访谈】和【书评】读懂、读透一本好书。

通过这个不设限的学习平台，您在任何时间、任何地点都能获得有价值的思想，并通过阅读实现终身学习。我们邀您共建一个与最聪明的人共同进化的社区，使其成为先进思想交汇的聚集地，这正是我们的使命和价值所在。

CHEERS

湛庐阅读 App
使用指南

读什么
- 纸质书
- 电子书
- 有声书

怎么读
- 课程
- 精读班
- 讲书
- 测一测
- 参考文献
- 图片资料

与谁共读
- 主题书单
- 特别专题
- 人物特写
- 日更专栏
- 编辑推荐

谁来领读
- 专家视点
- 深度访谈
- 书评
- 精彩视频

HERE COMES EVERYBODY

下载湛庐阅读 App
一站获取阅读服务

MARKETER NO YOUNI IKIRO by Daisuke Inoue

Copyright © 2021 Daisuke Inoue

Original Japanese edition published by TOYO KEIZAI INC.

Simplified Chinese translation copyright © 2025 by Beijing Cheers Books Ltd.

This Simplified Chinese edition published by arrangement with TOYO KEIZAI INC., Tokyo, through BARDON CHINESE CREATIVE AGENCY LIMITED, Hong Kong.

All rights reserved.

本书中文简体字版经授权在中华人民共和国境内独家出版发行。未经出版者书面许可，不得以任何方式抄袭、复制或节录本书中的任何部分。

版权所有，侵权必究。

图书在版编目（CIP）数据

做自己的首席营销官 /（日）井上大辅著；姚奕崴译 . -- 杭州：浙江教育出版社，2025.3. -- ISBN 978-7-5722-9564-5

Ⅰ.F274

中国国家版本馆 CIP 数据核字第 2025B3L554 号

上架指导：个人成长

版权所有，侵权必究
本书法律顾问　北京市盈科律师事务所　崔爽律师

浙江省版权局
著作权合同登记号
图字：11-2024-567号

做自己的首席营销官
ZUO ZIJI DE SHOUXI YINGXIAOGUAN

[日] 井上大辅　著
姚奕崴　译

责任编辑： 史靖靖
美术编辑： 韩　波
责任校对： 李　剑
责任印务： 陈　沁
封面设计： Soutpost

出版发行： 浙江教育出版社（杭州市环城北路 177 号）
印　　刷： 河北鹏润印刷有限公司
开　　本： 880mm×1230mm　1/32　　**插　页：** 1
印　　张： 6.5　　**字　数：** 107 千字
版　　次： 2025 年 3 月第 1 版　　**印　次：** 2025 年 3 月第 1 次印刷
书　　号： ISBN 978-7-5722-9564-5　　**定　价：** 69.90 元

如发现印装质量问题，影响阅读，请致电 010-56676359 联系调换。